CLOTILDE

DE LUSIGNAN,

OU

LE BEAU JUIF;

MANUSCRIT TROUVÉ DANS LES ARCHIVES DE PROVENCE

ET PUBLIÉ

PAR LORD R'HOONE.

> La femme, entre les biens,
> En est un, si plein de nuance,
> Qu'on ne saurait, par trop de soins,
> S'assurer sa constance.
> (LA FONTAINE, *Contes*.)

TOME PREMIER.

PARIS,

HUBERT, LIBRAIRE, PALAIS-ROYAL,
seconde galerie de bois, n°. 222.

1822.

CLOTILDE
DE LUSIGNAN,
ou
LE BEAU JUIF.

Extrait du Catalogue de G.-C. HUBERT, *Libraire au Palais-Royal, galerie de Bois,* n°. 222.

LE FILS PERDU, 4 vol. in-12. 10 fr.
FRÈRE JACQUES; par Ch. Paul de Kock, 4 vol. in-12. 10 fr.
N-LOUIS, ou la Fille trouvée, 4 vol. in-12. 10 fr.
SAINT-LÉON, ou la suite d'un Bal masqué, 3 vol in-12.
 7 fr. 50 c.
LÉONTINE ET LA RELIGIEUSE, ou les Passions du duc de Malster, par mademoiselle Fleury, artiste du second Théâtre Français, et auteur d'Aglaure d'Almont. 4 vol. in-12. 10 fr.
LA FAMILLE DE MONTORIO, traduit de l'anglais par M. Cohen. 5 vol. in-12. 13 fr.
MADEMOISELLE DE MONTMIREL, ou les Époux malheureux, 2 vol. in-12. 5 fr.
CHARLES POINTEL, ou mon Cousin de la main gauche, 4 vol. in-12. 10 fr.
L'HÉRITIÈRE DE BIRAGUE, 4 vol. in-12. 10 fr.
THÉRÈSE DE WOLMAR, ou l'Orpheline de Genève, 3 vol. in-12, figures. 8 fr.
JULES, ou le Frère généreux, par M. Dampmartin. 2 vol. in-12. 5 fr.
JULIETTE, ou les Malheurs d'une vie coupable, 3 vol. in-12.
 7 fr. 50 c.
ELFRIDE, ou les Suites d'un Duel, 2 vol. in-12. 5 fr.
GUSTAVE, ou le mauvais Sujet; par M. Ch. Paul de Kock, auteur de Georgette, ou la Nièce du Tabellion. 3 vol. in-12. 7 f. 50 c.
LE CHATEAU DU TYROL; par M. Hubert, auteur de Clara et du fameux Martinguerre. 2 vol. in-12. 5 fr.
LES DEUX HECTOR, ou Histoire de deux Familles bretonnes. 2 vol. in-12. 5 fr.
L'ENFANT DE MA FEMME, par Ch. Paul de Kock, 2 vol. in-12. 4 fr.
LE PARIA FRANÇAIS, ou le Manuscrit révélateur, 3 vol. in-12. 7 fr. 50 c.

PARIS, IMPRIMERIE DE A. BELIN.

CLOTILDE

DE
LUSIGNAN.

CHAPITRE PREMIER.

O mon fils ! que tes jours coûtent cher à ta mère !
   RACINE, *Andromaque*.

Jamais rien de plus beau ne parut sous les cieux,
Et seule elle ignorait le pouvoir de ses yeux ;
Elle entrait dans cet âge, hélas ! trop redoutable,
Qui rend des passions le joug inévitable.
  VOLTAIRE, *Henriade, variantes du ch. IX.*

La féodalité, qu'il ne m'appartient pas de juger attendu que je suis vilain au premier chef, a semé la France de monumens dont l'ensemble, vraiment romantique, excite une foule de souvenirs. On éprouve, en les voyant, le charme qui saisit le captif lorsqu'il visite la prison où, jadis, il s'était presque habitué. Ces anciens châteaux offrent les lieux des plus belles scènes du drame que la France joue depuis long-temps, sans pouvoir arriver à un dénoûment qui plaise au parterre, comme aux loges et aux acteurs souvent sifflés!..... et qu'ils ne s'en fâchent pas?.....

C'est un droit qu'au budjet on achète en payant.

Ces châteaux, dis-je, sont pour l'histoire du sol français ce que les *quipos* sont pour les Péruviens :

aussi, par toutes ces raisons et une foule d'autres qu'il vous plaira suppléer, je ressens une peine infinie quand j'apprends qu'ils disparaissent sous le marteau des spéculateurs. J'avouerai même, à ma honte, que j'aimerais à posséder un de ces tombeaux de l'ancienne France, pourvu qu'il fût bien et dûment entouré d'un millier d'arpens de terres, loués cinquante francs l'arpent, et ce, par un bon bail notarié. Hélas!... je ne serais pas effrayé de la charge d'en rendre hommage au suzerain d'aujourd'hui; mais, à la condition qu'il ne changera pas trop souvent. Je me trouverais dans ce vaste monument, mille fois plus à l'aise que dans nos petites maisons de campagne étriquées : je crois même, que je deviendrais plus qu'*ultrà* dans le manoir d'un ancien baron chrétien ! et qui sait, si je ne finirais pas par redevenir noble? et partant, remplir un rôle très-comique : enfin, monter avec audace sur le premier bâton de l'échelle des dignités, en me faisant nommer maire!... Alors, qui serait assez ennemi de lui-même pour borner ma carrière, dans un siècle où l'on récompense toute espèce de talent?... Munito, malgré sa fidélité pour son maître, n'a-t-il pas acquis une brillante fortune?...

Ce mélange de réflexions canino-historiques, m'est inspiré par le trépas du château dont vous avez à subir la description, et je rends grâce aux Camaldules de la Provence de n'être pas restés oisifs, à dater du jour où ils en firent l'histoire.

J'ignore quand cedit castel fut démoli; mais ce que je sais parfaitement bien, et ce qui doit vous suffire, c'est qu'en 1440 la Provence s'enorgueillissait du château de Casin-Grandes, et certes, ce n'est pas sans raison!... Soyez-en juges, chers et précieux lecteurs? surtout, ne vous endormez pas? ou dormez si vous gardez le titre de juges.

Il existe sur les côtes de Provence, et ce, près de Jonquières, un endroit qu'heureusement l'on n'a pas pu détruire : vous irez le voir si c'est votre bon plaisir. Il est assez curieux par la singularité des rescifs et des falaises que la capricieuse nature y plaça de ses mains. L'on présume qu'ils sont les débris de quelque volcan éteint, et les grottes souterraines de la côte en donnent une espèce de preuve. Ces écueils forment trois promontoires dont celui du milieu présente une plateforme charmante ; à sa droite et à sa gauche s'élèvent les masses imposantes des deux autres, qui sont arides et montueux. L'espace de côte rempli par ces trois berges est inabordable, à cause des écueils qui se prolongent dans la mer : son onde ne laisse jamais de chemin libre en bas des falaises; et elles sont tellement inégales et rocailleuses qu'elles offrent au voyageur les moyens de prouver son courage.

On ne connaît encore qu'un seul homme !... un enragé chimiste qui, depuis cette époque, s'y soit hasardé; ce fut pour démontrer que ces rocs contenaient de la lave semblable à celle du Vésuve. Que ne peut l'amour des sciences ! allez-vous dire ?... Pas du tout, il n'avait pas un sol, et cette démonstration lui valut une place qu'il sollicitait.

Le promontoire à droite est plus élevé que celui de gauche, et il porte le nom de *la Coquette.* Dans cette étroite vallée, qui se trouve entre eux, c'est-à-dire, sur l'esplanade formée par la berge du milieu, un habile architecte construisit le château de Casin-Grandes, par l'ordre de Guy de Lusignan. Ce fut en 1303, lorsque Hugues XIII de Lusignan, son frère, donna par testament le comté de la Marche à Philippe-le-Bel, pour en frustrer Guy. Ce dernier défendit son héritage, mais la force l'emporta. Casin-Grandes devint alors l'apanage de ceux de la famille de Lusignan qui ne régnaient pas en Chypre.

Leur race s'éteignit bientôt, et Casin-Grandes appartint aux rois de
Chypre, qui gouvernèrent ce domaine par des intendans.

La façade du côté de la mer est
d'un genre très-noble, et lorsqu'un
vaisseau passe, elle rappelle aux
marins les magnifiques palais de
la reine amphibie de l'Adriatique.
Deux vastes ailes du château lon-
gent et dominent les deux montagnes dont elles ne sont séparées
que par un sentier d'environ vingt
pieds de large ; et ce sentier est
fermé du côté de la terre par deux
masses de granit qui servent d'em-
bellissement, tant leur disposition
est extraordinaire et pittoresque ;

elles ont l'air de deux énormes pierres tombées des mains des géans quand Jupiter les foudroya. Cette habitation ainsi défendue par la nature, est inexpugnable du côté de la terre, au moyen d'un fossé de quarante pieds de largeur et par des tours crénelées placées de cinquante en cinquante pieds. Elles décorent très-bien la façade d'entrée et donnent à cette demeure un air de puissance qui, du temps du roi Charles VII, en imposait encore assez pour que les vilains, mes confrères, n'osassent pas remuer. Le portail, de forme ogive, passait pour un des plus beaux morceaux de l'architecture féodale.

Une allée majestueuse, plantée par Guy de Lusignan, conduit au pont-levis. A droite et à gauche, les deux montagnes finissent en pente douce, et cette pente est garnie d'oliviers, de romarins, de palmiers, de safran, d'orangers, de myrtes et d'autres arbres remarquables par leur beauté. Le parc se trouve donc de chaque côté du fort et le précède. Appuyé sur ces deux roches, ce château centenaire s'élève majestueusement au milieu de ce site romantique, en ayant, d'un côté, la vue de l'immensité de la mer, et de l'autre celle des gais accidens de la Provence. En effet, la vallée est riante ; une route la traverse ; et, par delà cette route, on a l'aspect des terres qui dépendent de ce fief. Le charme de ce paysage unique, résulte principalement de l'opposition que présentent, la mer; ce château, l'ouvrage des hommes ; ces arides falaises, ouvrage du hasard ; les bois du parc ; la verte prairie et les villages au loin. Mais ce charme est doublé par la transparence du ciel et le délicieux climat de cette Italie de la France.

Une femme seule, animait alors par sa présence, ce gracieux vallon... La disposition de sa chevelure et ses vêtemens étrangers annoncent une Grecque. Il règne dans sa personne, un désordre portant une trop forte empreinte d'habitude, pour être l'effet du hasard. Cette femme, d'une maigreur presque hideuse, roulant des yeux hagards, le visage sillonné de rides venues avant le temps, et produites sans doute par son rire forcé, conservait encore sur sa figure, des vestiges de jeunesse et de beauté.

Tel est le portrait de la nourrice de Clotilde, la fille unique de Jean II de Lusignan, roi de Chypre, détrôné pour le moment comme tant d'autres, et réfugié dans le château de Casin-Grandes, avec tous les trésors qu'il put dérober aux mains rapaces des Vénitiens, ses vainqueurs.

La sueur inondait les joues creuses et pâles de la nourrice, mais sa fatigue et la chaleur ne l'empêchaient pas de continuer son travail. Elle creuse une fosse. De temps en temps ses yeux égarés, en errant sur la campagne, paraissent redouter des témoins de son œuvre funèbre; et tantôt, posant un pied sur sa bêche, elle rit aux éclats, ou verse une larme arrachée par l'horreur, en contemplant un tronc d'arbre, dont la disposition originale ressemblait assez à un cadavre.

— Va!... mon fils!.... tu ne

seras pas sans sépulture ! Pauvre enfant ! je t'ai nourri de mon lait... Hélas !... les douleurs de l'enfantement durent toute la vie !.... Mais poussant un grand éclat de rire, elle ajouta : Te voilà bien drôle ?..

Pour comprendre ces mots, il faut dire que Marie Stoub perdit la raison en voyant percer son fils d'un coup d'épée, lorsque les Vénitiens emportèrent d'assaut Nicosie, la capitale du royaume de Chypre. C'est ce qui la fit surnommer l'*Innocente*. Sa folie avait cela de particulier, qu'aussitôt qu'elle fixait la princesse, Marie, songeant à l'enfance de Clotilde, se rappelait celle de son fils. Alors une lueur de raison lui faisant sentir son malheur, elle pleurait, en gardant un silence plus terrible que le gai bavardage de sa folie, souvent touchante!...

Après avoir regardé ce tronc d'arbre avec l'expression de la douleur, devant laquelle toutes les autres se taisent, celle d'une mère qui pleure son fils, elle reprit son travail avec une effrayante activité. La tombe était presque finie, lorsque sur le haut d'une petite éminence, appelée la *colline des Amans*, parut une jeune fille en jupon court, car de tout temps les Provençales en ont porté. Cette enfant, à la taille souple et déliée comme un jonc, tient un mouchoir à la main, et les douces et gracieuses ondulations qu'elle lui imprime, trahissent de tendres adieux. A cet instant le bruit d'un cheval galopant en deçà de l'éminence, se fit entendre, et l'Innocente ayant promptement levé la tête, aperçut la jeune fille balançant encore son mouchoir. Alors, la figure de cette femme prit une expression de finesse malicieuse, elle mit en souriant son doigt sur ses lèvres; mais voyant la Provençale se retourner et venir, elle se pencha sur sa bêche, en feignant de ne pas l'apercevoir.

Cette jeune enfant, nommée Josette, était la fille de l'intendant

que le roi de Chypre avait envoyé régir le domaine de Casin-Grandes. Hercule Bombans, son père, succéda dans cette charge à un intendant, prétendu concussionnaire, qui fut tellement noirci dans l'esprit du roi de Chypre *Janus*, que ce prince crut faire un acte de clémence, en se contentant de lui donner un successeur. Cet intendant destitué se trouvait par hasard un homme intègre, il était chéri des habitans; aussi le comte de Provence le nomma bailli de Montyrat... Ce passage prouve évidemment qu'il exista des délateurs dans les temps de la chevalerie!......
Consolons-nous donc!....

Quoi qu'il en soit, Hercule Bombans, le père de la gentille Josette, exerçant depuis vingt ans cette place lucrative, ne fut pas épargné par l'envie, qui s'attache aux fonctionnaires publics, et sous les coups de laquelle son prédécesseur avait succombé. Cependant, malgré ses détracteurs, il réussit, à l'arrivée du prince fugitif, à faire nommer sa fille, demoiselle de la princesse, et les méchans osèrent publier qu'on ne la promut à cette dignité que parce que Josette Bombans se trouvait la seule en état de servir Clotilde!... Mais peut-on empêcher la médisance?...

La jeune et jolie Provençale

arriva, rouge comme une grenade, près de l'Innocente, et l'accostant d'un air assez embarrassé :

— Comment, lui dit-elle, avez-vous fait, ma pauvre Marie, pour vous échapper du château?...

— Comme toi!... quand tu as quitté ta maîtresse pour aller courir l'aiguillette!...

— Il n'y a rien de bon à gagner avec les fous, murmura tout bas Josette, dont l'incarnat était devenu plus vif. Mais que creusez-vous là? reprit-elle tout haut, en s'asseyant sur le tronc de l'arbre.

— Mauvaise!..... respect aux morts!... Tu t'assieds sur la poi-

trine de mon fils!.. Mon fils!...
mon cher fils... Jean, que fais-tu
là? Pourquoi ne te relèves-tu pas
comme les roseaux, après avoir
plié?...

La jeune fille, épouvantée des
cris de l'Innocente et de l'expression de son visage, se leva précipitamment.

— Tiens, continua-t-elle, vois
comme *ils* l'ont blessé! En prononçant ces mots, elle montrait à Josette une fente rouge, où la sève de
l'orme avait coulé. Mais, reprit-elle, j'ai retrouvé son corps!...
Ils l'ont laissé là.... sans le couvrir d'un peu de terre! Elle se tut
un moment, une larme roula dans

son œil, et montrant à Josette ce bois informe, que sa tendre pensée animait, elle ajouta d'un ton qui faisait mal : Ma fille!... tu l'aurais aimé, si tu l'avais connu!... tu le pleurerais au moins!... Et moi, qui l'ai porté dans mon sein et perdu!... je vis !... Elle se tordit les bras, puis poussant un éclat de rire à gorge déployée, elle se mit à sauter et danser autour de la tombe.

Josette, émue de pitié, laissa couler une larme. L'Innocente la vit et lui serrant la main avec force, elle lui dit d'un ton de voix qui partait du cœur : *Tu seras mère!...* Puis, revenant à sa folie, elle lui prit avec adresse son mouchoir, et imitant la pose de la jeune fille, elle l'agita comme elle, en ayant l'air de la narguer.

En ce moment Josette seule, aperçut, au bout de l'avenue d'ormes, la princesse Clotilde, entourée de quelques personnes. La nourrice n'en continua pas moins sa danse grecque, avec toute la frénésie d'une Bacchante que le vin a momentanément privée de sa raison; elle chantait des vers grecs, et ne s'inquiétant pas du désordre de ses vêtemens et des lambeaux qui s'en détachaient, elle prit Josette et voulut la faire danser.

Le cortége de la fille de Jean II se réduisait à quatre hommes, les seuls grands personnages dont son père ait voulu se voir accompagné dans sa fuite. Il laissa, dans son royaume, une foule de partisans qui brûlaient du désir de le suivre, car il était adoré de ses sujets. Le langage qu'il tint en leur ordonnant de rester en Chypre, est trop rare de nos jours pour n'être pas rapporté.

« Un citoyen, s'écria-t-il en
» quittant son palais ensanglan-
» té, doit préférer sa famille à lui-
» même; son prince à sa famille;
» mais rien ne peut se préférer à
» la patrie, si ce n'est le genre

» humain. Ne quittez donc pas
» votre pays et comptez qu'en le
» servant, même sous les Véni-
» tiens, c'est me servir moi-même :
» votre courage y brillera bien plus
» que dans un exil qui ne convient
» désormais qu'à votre prince....
» Il ne doit pas habiter les lieux
» témoins de sa chute.... Adieu
» donc... »

Jean II, presque aveugle, ne put voir les larmes dont les yeux furent inondés à son départ. Un monarque ainsi détrôné peut être sûr de régner toujours... Il ne put même empêcher quelques seigneurs de venir le rejoindre.

Les quatre personnages auxquels

Lusignan accorda les honneurs de son exil, accompagnaient Clotilde dans sa promenade. Cette charmante princesse paraît au milieu d'eux, comme une jeune fleur pleine de coloris et d'élégance, qui se trouve entre des ronces e tdes arbustes dépouillés de feuilles. Naïve comme l'enfance, simple comme la nature, il résidait en elle un charme inexprimable, qui la rendait un spectacle ravissant pour la vieillesse, et pour les jeunes, un sujet d'extase. De beaux yeux bleus tout humides et fendus en amande, semblent loger l'amour et dire : esclaves, protégez-moi ? Une bouche de corail, sur laquelle se jouent le plus charmant sourire et des nichées d'Amours, attire le baiser... Sa figure et son organe sont doux comme ceux d'une syrène, et ses mouvemens pétillans de grâces comme ceux d'un jeune cygne, dont elle possède la taille élégante, les voluptueux contours, la démarche, l'éclat et la blancheur; certes, elle n'avait pas besoin pour séduire de sa délicieuse parure. Vêtue à la grecque, elle portait sur une robe blanche comme la neige, une précieuse tunique bleue, terminée par des glands d'argent; une espèce de cothurne rouge chausse un pied mignon large de deux doigts; ses cheveux noirs sont retenus par des bandelettes blanches, qui, mêlées à ses tresses, en font valoir l'ébène.

Pour se garantir du soleil, Clotilde avait entouré sa tête charmante d'une gaze légère, qui lui donnait cette grâce aérienne que notre imagination prête aux divinités mythologiques. La nature avait dit pour elle : Faisons un chef-d'œuvre ?.... Il fut complet : les attraits de Clotilde n'étaient que la divine enseigne d'une âme plus divine encore !... Enfin, belle de cette beauté rêvée chez toutes les nations, ignorant l'amour et s'ignorant elle-même, elle ressemblait à la rose vierge encore des baisers du Zéphire, ou plûtôt à cette admirable statue égyptienne qui, pour résonner, attendait une caresse du soleil...

....

J'avoue, que pour mon usage personnel, je regrette, ainsi que vous, lecteur, que Clotilde ne soit plus qu'une cendre égarée dans la nature... et, comme vouloir la retrouver... c'est tenter *la chose impossible* de La Fontaine, il faut nous contenter de nos femmes !... hélas !....................

CHAPITRE II.

> Oui, princesse, l'Eternel a fait le nez des Parias pareil à celui des Bramines, il n'a pas distingué entre eux.... Pourquoi l'homme ne l'imite-t-il pas?...
> SAADI, *trad. de* M. L...

> L'amour qui naît subitement est le plus long à guérir.
> LA BRUYÈRE, *du Cœur.*

CLOTILDE apercevant sa pauvre nourrice, se dirigea de ce côté. Pendant qu'elle s'avance, examinez un peu, je vous prie, à quatre pas derrière la princesse, un farouche soldat qui marche en silence. C'est un homme court, trapu, d'une figure africaine : lèvres épaisses, bouche fendue, et nez plat soufflant du feu. Son œil annonce la férocité ; sa barbe touffue, la force ; sa démarche, l'homme qui n'a jamais peur ; et ses traits grossiers, une origine commune. Pour toute arme défensive, il avait un casque sur la tête ; mais il portait à sa ceinture un sabre turc très-recourbé, dont il caressait souvent la brillante poignée. — Castriot l'Albanais, fut, de la garde du prince, le seul qui survécût à la prise de Nicosie. Elle mourut dans le palais, et chaque soldat gardait de son corps, la place assignée par le chef. — Ils ne dirent point dans les rues de

Nicosie : *Nous périrons pour la défense du Roi !* — Ils moururent ! On leur fit, dans la suite, un magnifique service par les soins de Monestan le premier ministre, que vous allez bientôt connaître.

Castriot peut servir de modèle aux fanatiques présens et à venir. Sa cervelle albanaise n'enfanta qu'une seule idée sans cesse présente : elle consistait à lui faire anéantir tout ce qui nuisait ou qu'il supposait devoir nuire à son prince et à sa fille. Ce dévouement, fils de sa reconnaissance, était tout son code et sa religion..... A genoux, ingrats ! à genoux devant Castriot !...

Entre Castriot et la princesse, un homme grand, sec, maigre, chauve, à nez aquilin en forme de lame de couteau, gémissait en lui-même d'aller à pied. — Ce personnage était le connétable comte Kéfalein ; il n'avait pas encore pu se consoler de la perte de ses chevaux, dont il ne sauva que Vol-au-vent, son favori. — Certes, Vol-au-vent méritait bien cette faveur ! Je croirais volontiers qu'il était un de ceux qui jadis ont charrié le soleil dans les cieux et qui revinrent sur la terre lorsque les faux dieux et leurs équipages disparurent devant la croix. Parmi les regrets de Kéfalein, il faut compter celui de ne plus commander la cavalerie cypriote. En outre, ce digne chevalier aimait assez à raconter ses anciens exploits. Pour achever son portrait, nous aurons le courage de dire qu'on l'accusa toujours de manquer de bon sens, et l'on présume que Kéfalein fut un sobriquet ironique qui lui resta... enfin il vola le baptême.

Mais la belle Clotilde est entre deux personnages beaucoup plus importans. Celui de droite était le comte Ludovic de Monestan, ministre de Jean II. Ce vieillard à cheveux blancs, simple et doux, avait une bonhomie rare, même chez un ministre; une éloquence naïve, chose encore plus rare ; et un cœur droit qui le rendrait le phénix des ministres, s'il n'eût pas été dominé par un zèle démesuré pour la religion ; tandis que le second, Hilarion d'Aosti, l'évêque de Nicosie, l'aumônier du prince, possédait toute l'ardeur d'un jeune guerrier, la ruse d'un diplomate et la science ministérielle. Sa figure altière respirait les combats, et ne pouvant satisfaire cette envie dans les camps, il s'en dédommageait, pour le moment, dans la polémique : aussi, lorsque la princesse fut aperçue par Josette, une grave discussion se débattait entre Hilarion et Monestan.

—Je le répète, disait ce dernier, nous n'avons perdu le royaume, que parce que les préceptes de la religion mis en oubli, les mœurs dissolues, nous ont fait retirer la protection de l'Éternel.

— Ah! monsieur, répondait l'évêque, *si nous avions eu trente mille hommes* de bonnes troupes, l'Éternel aurait été pour nous!... il aime les gros bataillons; les croisades qui nous ont donné Chypre et Jérusalem le prouvent bien.

— Monsieur, avouez cependant qu'on négligeait le service divin ?

— M. le comte, Nicosie n'était

pas assez bien fortifiée !........

—Oui !... contre les mauvaises doctrines qui nous ont envahis bien avant les Vénitiens, interrompit le ministre ; c'est la religion qui forme les bons soldats en les rendant pieux et soumis au prince, et si les églises avaient été pleines nous n'eussions pas succombé ; le Dieu fort nous aurait accompagnés.

— Non, monsieur, permettez ; nous succombâmes parce qu'il nous manquait *trente mille hommes*, voilà le fait... Monsieur, *trente mille hommes* sont la base nécessaire de toute résistance, de toute oppression, de toute entreprise, de tout royaume à défendre, à envahir, à conserver... ensuite, depuis long-temps l'on négligeait les relations diplomatiques avec les états européens. Que cela nous serve d'exemple à l'avenir ; n'est-ce pas, madame ?...

A cette interrogation du prélat vindicatif, Clotilde garda le silence, en faisant la plus jolie petite moue qu'il fût possible de voir, et elle s'avança plus rapidement vers sa nourrice et sa demoiselle d'honneur.

Monestan se trouvant attaqué gravement, saisit l'évêque par sa ceinture, et, tout en doublant le pas pour suivre la princesse, il dit au prélat avec la chaleur de l'innocence accusée :

— M. l'Evêque, trente mille hommes ne peuvent rien, là, où les mauvaises mœurs ont abatardi le courage ; trente mille hommes sans religion, ne valent pas la légion thébaine; et, quant aux relations diplomatiques, qui vous dit qu'elles n'ont pas été entretenues ? Pensez-vous à vos paroles ? pour en parler connaissez-vous bien l'état de l'Europe ? quel secours pouvions-nous attendre du roi de France qui, dans ce moment même, a la moitié de son royaume à conquérir ? et comment a-t-il conquis la première moitié ? C'est avec l'envoyée du Seigneur, cette vierge dont la force vient d'en haut et qui a rempli sa mission en sacrant son roi : elle n'est morte que parce que Dieu l'a rappelée, voulant laisser faire les hommes.—L'Angleterre pouvait-elle penser à nous, quand elle ne conserve pas ses conquêtes attaquées, et que des factions s'apprêtent dans son sein et servent la France plus puissamment que le courage des Dunois? Le roi René dont nous habitons le comté, ne soutient-il pas une guerre ruineuse en Italie avec l'Aragon ? l'Aragon lui-même, est en guerre avec les Maures, ainsi que le Portugal : et, de tous ces malheurs, le plus grand, et que vous ignorez sans doute,

c'est l'état de la cour de Rome....
A peine remise des secousses
éprouvées au concile de Constance,
elle a vu chasser le véritable pape!...
le vicaire de Jésus-Christ ! Eugène IV !.... Les Turcs attaquent
l'Allemagne, déja attaquée par les
Hussites; Constantinople est aux
abois ; Jérusalem a succombé !.....
Le tombeau de Jésus est aux
infidèles !... Au milieu de ces chocs
des masses premières, lorsque les
grandes puissances croulent, se reconstruisent de leurs débris, pour
crouler encore et s'entredéchirer ;
lorsque Dieu, pour punir la terre,
a déchaîné son ange exterminateur,
quel secours l'Europe pouvait-

elle donner à un petit royaume attaqué par une petite république? Quand on ne fait pas attention au siége de Constantinople, devait-on regarder Chypre? lorsque les lions se battent, s'arrêtent-ils pour sépales écureuils? Attendez la pacification générale, et l'on nous rétablira!.....

L'évêque atterré, par ce discours *ab irato*, resta quelques momens sans répondre : mais vous connaissez bien peu la persévérance sacerdotale si vous le croyez abattu.

— Si la pucelle triompha, répondit-il, elle avait presque *trente bons mille hommes* que l'originalité du chef d'armée fanatisait... Ici, continua-t-il en regardant Monestan d'un air goguenard, il faut rendre justice à la haute politique de la cour de France, et je suis bien fâché d'ignorer le nom de celui qui trouva ce nouvel expédient pour ranimer l'ardeur des soldats..... Mais brisons là-dessus, ajouta-t-il en voyant l'effroi de Monestan; je persiste à dire que si nous avions *trente mille hommes*, cela nous vaudrait mieux que d'attendre votre pacification, et je réponds qu'en les faisant débarquer sur la pointe orientale de Nisastro, car c'est la partie la plus faible de l'île, que j'ai observée plusieurs fois, on viendrait à bout des Vénitiens.

—Hélas, dit Kéfalein, nous fûmes vaincus parce que nous n'avions pas assez de cavalerie.

— Et vous, Castriot, demanda la princesse en riant, que pensez-vous ?.....

— S'il y avait eu deux mille hommes comme moi, vous seriez encore à Nicosie. Au reste, il ne s'agit plus de savoir comment on a perdu Chypre, mais bien comment on la reprendra.

—Tu as raison, Castriot, dit l'Evêque, tu es le modèle des soldats : courage et dévouement.

—C'est vrai, reprit Monestan ; mais il manque de religion.

— Voilà ma croyance et mon

Dieu, s'écria le soldat en tirant à moitié son sabre; hors mon service, ma tête et le dedans ne regardent personne.

Ainsi, chacun parlait sa langue en voulant la faire parler aux autres, et cette toute petite cour avait encore ses intrigues : partout où se trouveront trois hommes et un pouvoir, vous en verrez !...

En ce moment la princesse arriva près de sa nourrice et de Josette. Aussitôt que l'Innocente l'aperçoit, elle cesse ses extravagances, sa figure se contracte, elle est muette et pleure !.....

— Pourquoi donc avoir quitté le château, ma bonne Marie,

vous savez que j'aime mieux vous y voir, que dans la campagne où il peut vous arriver malheur.

L'Innocente, ses petits yeux noirs fixés sur Clotilde, pleura plus fort en entendant cette voix dont elle eut les prémices : elle se tut, et marchant lentement, elle s'alla mettre à côté de Castriot qu'elle recherchait volontiers par reconnaissance. Il défendit son fils !...

— Josette, dit la princesse d'une voix douce, vous m'avez quittée ?..... je n'ai qu'à vous louer si ce fut pour veiller sur Marie; cependant, comment lui laissâtes-vous faire cette fosse ?.....

Josette rougit et balbutia : madame !..... je..... j'y.....

— Ecoutez, mon enfant, vous avez tort de vous promener seule ; quoique vous soyez du pays, il est en proie à des brigands qui ne vous en tiendront pas compte, car ils ne sont d'aucun pays. Vous devez savoir que le comte Enguerry-le-Mécréant court la campagne et la pille, ses soldats se permettent tout !.....

Josette rougit encore davantage; et la princesse en examinant cette rougeur croissante au nom d'Enguerry et de ses soldats, devint toute pensive..... Alors la folle chanta deux vers grecs d'une chanson moderne dont voici le sens.

> Je la vis sur la montagne,
> Embrasser son tendre amant,
> Puis revenir tristement
> Au travers de la campagne.

La princesse entendant ces vers, regarda sa demoiselle avec un air inquisiteur, qu'elle eût voulu rendre grave, comme si une jeune fille pouvait l'être !..... Clotilde avait parlé d'Enguerry-le-Mécréant; alors l'Aumônier lança son dernier trait au comte de Monestan en lui disant :

— Il faudra songer à nous fortifier contre ce furieux qui lève des contributions, pille, massacre et profite pour faire trembler la Provence de ce que le fils de René-le-Bon n'est pas encore arrivé.

—Il n'a ni foi ni loi, ne croit ni à Dieu ni au Diable, répondit le comte. — Castriot s'avança et dit avec un affreux sourire : « quand il en sera temps, qu'on me dise : va... et vous ne le craindrez plus. « Il fit avec sa main un geste qui indiquait énergiquement son dessein.

—Nous n'assassinons personne, reprit Monestan d'un ton grave; la loi divine.....

—A-t-il de la cavalerie ? demanda Kéfalein.

— On dit son château très-bien fortifié, repartit l'évêque.

— Je gage qu'il n'y a pas de chapelle, s'écria Ludovic.

Le groupe s'était arrêté pour attendre que Clotilde continuât sa promenade : en ce moment la folle, voyant sur la colline une belle tête d'homme, elle se prit à rire en indiquant du doigt la place où Josette avait fait ses adieux. L'on eut beau y regarder, on n'y aperçut rien. On prit cela pour un trait d'extravagance, ce qui fâcha Marie, et elle se mit à murmurer. Tout à coup l'on entendit le bruit des pas d'un homme courant avec vitesse; tous les yeux se tournèrent vers l'endroit où la route faisait un coude avec la colline des Amans et d'où le bruit partait ; alors Castriot se mit en avant, la main sur son sabre.

Un sentiment mixte qui tient le milieu entre l'inquiétude et la curiosité rendit chacun immobile ; le bruit s'approcha par degrés et le pauvre fugitif ne tarda pas à paraître. C'était un jeune homme enveloppé d'un manteau. Quand il se montra, l'on vit au dessus de sa tête, et dans le ciel, une lueur rougeâtre dont l'éclat sinistre effaça celui du jour, une fumée noire, des étincelles et des pailles enflammées, voltigeant dans les airs, indiquaient un grand incendie, et tout, excepté l'Albanais et l'Innocente, fut saisi de terreur. L'inconnu s'avançant toujours, Castriot tira son sabre et se mit sur la défensive. L'étranger ne se trouva bientôt plus qu'à cinquante pas de la princesse de Chypre. Objet de tous les regards inquiets, il fut examiné avec l'attention qu'il est bien naturel d'avoir, lorsqu'on rencontre un étranger, et qu'il peut donner des éclaircissemens sur ce qu'on ignore. On remarqua donc ses cheveux bouclés, noirs comme du jais, et rendus plus éclatans par une peau très-blanche; son visage annonçait un grand effroi, et ses vêtemens en désordre, une fuite bien précipitée. A la faveur de ce désordre, chacun, et principalement Clotilde, admira les belles proportions de l'étranger. Il tenait à la main un mauvais bonnet vert appuyé sur son cœur, où il pressait en même temps ton manteau, avec lequel il semblait cacher quelque chose. Certes, la

la beauté est un avantage qui prévient toujours en faveur des gens qui en sont doués, et il n'y avait au monde que Castriot ou un gendarme du 19e. siècle capables d'arrêter sur une route un beau jeune homme, par ces mots prononcés d'un ton brusque.

— D'où venez-vous ?
— De Montyrat.
— Où allez-vous ?

—Ici.

—Pourquoi ?

—Regardez cette lueur....

—Hé bien !... demanda la princesse effrayée.

—Ce beau village est brûlé.....

— Est-il du domaine ? interrompit Monestan.

—Non, monsieur, il dépend de l'apanage de Gaston II, fils du comte de Provence. J'y avais une modeste demeure, elle est détruite et je fuis le terrible Enguerry-le-Mécréant. Hier, il vint demander les contributions qu'il imposa la veille. On fut dans l'impossibilité de le satisfaire. Il marqua le village d'une croix rouge, et depuis ce matin ses soldats le pillent. Ces flammes annoncent que tout est terminé. Je suis sans patrie et sans asile! on ne m'en refusera pas un chez Jean de Lusignan!...

— Et pourquoi ? demanda Kéfalein qui parut sortir d'un songe.

— Parce qu'il connait le malheur!.....

Les accens de cette voix enchanteresse furent pour Clotilde la plus délicieuse musique qu'elle eût entendue. Elle était sous le charme, immobile, et regardait l'inconnu de toutes les forces de son œil ; elle se sentait entraînée vers lui, par une attraction sympathique si violente, qu'on ne peut la comparer qu'à cette fascination qui contraint l'oiseau à s'avancer lentement vers le serpent. De son côté l'étranger ne regarde qu'elle, et ses yeux avides semblent dévorer ses attraits ; ils errent sur le sein blanc et ferme de la princesse avec tant d'ardeur, que l'intellect de Castriot en fut chiffonné. S'indignant de ce qu'un étranger eût l'audace de prendre du plaisir à l'aspect de la princesse de Chypre, il lui dit brutalement.

— Pourquoi ne parles-tu plus ?

— Parce que l'admiration est muette !... répondit-il d'une voix entre-coupée.

Mon cher, dit cavalièrement

le prélat, malgré vos phrases, vous sentez que l'on ne peut pas accueillir un inconnu sans savoir...

—Ah! monsieur l'évêque, reprit le ministre, vous avez bien peu de charité?...

— Voyons, qui es-tu? lui cria Castriot. — L'étranger ne répondant rien, l'Albanais commença à brandir son sabre. La princesse n'entendait rien, et Josette que toutes les soubrettes devront avoir devant les yeux, si elles veulent briller dans leur carrière, remarqua fort bien l'émotion de sa maîtresse.

— Qui que vous soyez, dit enfin Clotilde, je puis, sans être démentie par mon père, vous accorder un asile dans ses Etats. Quant à savoir qui vous êtes?... son hospitalité perdrait tout son prix; les mesures de sûreté ne regardent que ses ministres.

Lorsque Clotilde eut fait connaître sa bienveillance, on s'approcha de l'étranger et chacun s'apprêtait à le féliciter, quand il répondit avec la voix de l'âme.

Que les hommes aient une étoile aux cieux, la mienne est désormais sur la terre!... O ma bienfaitrice!.. ma reconnaissance seule suffira-t-elle?... Je me consacre à vous, comme au culte d'une déesse.

Vous fûtes aujourd'hui ma Providence, soyez-la toujours !...
En finissant avec énergie ces paroles exaltées, il voulut tendre ses mains à la princesse, et par ce mouvement, il laissa tomber le manteau protecteur dont il était couvert. Le groupe recula d'épouvante comme si la foudre eût tombé, et cette clameur terrible fut unanime.

—Un Juif !... Le seul Monestan dit : Un damné !... Le taciturne Albanais décrivit avec son sabre une courbe turque qui aurait promptement fait voler la tête du vil animal, si, plus prompte encore, la princesse effrayée n'eût crié : Castriot !... Son accent disait tout ; le damas s'arrêta à deux lignes du beau col de l'Israélite, et Clotilde s'évanouit dans les bras de Josette et de Monestan. Kéfalein et l'évêque la soutinrent, en montrant une vive inquétude.

Ce qui produisit ce mouvement de dégoût, c'est qu'en lâchant son manteau, le malheureux découvrit la roue de drap jaune, de la largeur d'un blanc tournois, que les Juifs étaient forcés de porter, sur le côté gauche de leur habit, par l'ordonnance de Louis X ; de plus, on aperçut sur son bonnet vert les deux cornes rouges que l'arrêt de Philippe-le-Hardi y plaça.

Le Juif immobile et pâle, ressemblait à la statue d'un lapithe pétrifié par la tête de Méduse. Les restes infortunés de cette nation éternelle, que l'on croyait alors écrasée sous le poids de la colère céleste, étaient repoussés par toutes les justices et toutes les religions. La pitié ne les regarda jamais, ils furent les *parias* de l'Europe... eurent le monde pour patrie, le déshonneur pour cachet, l'injure et les avanies pour nourriture, la lèpre et l'indignation générale pour compagne, les supplices pour consolation ; ils eurent le courage de s'envelopper froidement dans leur infortune et de tenir à la vie, par cela même qu'à chaque instant, le dernier des vilains pouvait la leur ôter sans rien craindre. Courbés sous le faix de l'exécration publique, les restes de leur vertu succombant à ce poids, force leur était de se rendre nécessaires à leurs tyrans par des richesses acquises dans une usure si âpre, qu'elle justifiait en quelque sorte la haine de la terre. Contraints de déguiser leur opulence, ils inventèrent les lettres-de-change et les billets; de manière que, semblable à Bias, un Juif portait en tous lieux une invisible fortune.

Bannis sous le règne précédent, ils venaient de rentrer en France, pour y pressurer les Grands obérés par la guerre, au risque de tout perdre et d'être encore chassés et torturés, au moindre prétexte plausible.

Lorsque l'Albanais se fut assuré que la princesse, objet de tous les regards, reprenait ses sens, il dit au Juif brièvement, comme s'il eût de la répugnance à lui parler.

— Ton nom ?

— Nephtaly Jaffa.

— Ton pays ?

— Venise.

— Juif et Vénitien, c'en est trop !... meurs.

—Je ne veux pas que l'on égorge

un homme devant moi !... s'écria la princesse ; la présence des rois ne pas être fatale !...

— Est-ce un homme ? demanda l'aumônier.

— J'espère qu'il est moins qu'un cheval, dit Kéfalein.

L'Innocente se mit à rire et à sauter autour du Juif, comme un cannibale devant sa victime, en criant : J'ai fait sa fosse, Castriot mon ami, tuons ?... brûlons cet ennemi de Dieu !...

—Marie ! dit Clotilde avec douceur.

La nourrice resta la bouche béante : — Puis-je prononcer le mot tuer ?... Mon ami, dit-elle au Juif, nous nous ressemblons, nous sommes hors l'humanité, viens dans ma loge, je t'y soignerai !...

Castriot guettait le moment où Clotilde se retournerait, pour débarrasser le beau Juif de sa tête; mais Clotilde, regardant toujours l'Israélite à la dérobée, ne lui en laissa pas le loisir. Celui-ci, sans faire un seul pas pour se garantir du sabre de l'Albanais, faisait briller une joie pure dans ses yeux noirs, en voyant les roses succéder aux lys, sur les joues de sa bienfaitrice.

— Fuis donc, au moins ? s'écria l'aumônier d'une voix colérique, retourne d'où tu sors! Va te faire pendre ailleurs!... Déicide, rebut des hommes, ne salis plus notre vue, ne souille plus notre air. *Vade, Satana !...*

— Vous pourriez le lui dire avec plus de douceur ? dit le comte Ludovic.

— Et va-t-en à pied, ne déshonore pas un cheval ?... continua le connétable sur le même ton que l'évêque.

— Messieurs, reprit Clotilde, je vous prie de ne plus tourmenter ce... cet...

— Cet animal bipède, dit Kéfalein.

— Je le prends sous ma protection, continua la princesse. Qu'il reste en ces lieux, jusqu'à ce que j'aie demandé à mon père de lui permettre d'habiter ses domaines; si mon père me refuse, alors il les quittera. Mais qu'on ne le maltraite pas?... et, s'apercevant du dessein de Castriot, elle lui ajouta : Gardez-vous de lui faire aucun mal!

— C'est bien votre volonté? demanda le farouche Albanais.

— Je vous le commande.

— Soit... Vis donc, animal immonde; et le soldat remit, avec humeur, son sabre dans le fourreau, en lançant un regard très-équivoque au Juif. L'Albanais lui montra la terre du doigt, en fronçant de gros sourcils noirs de manière à lui faire comprendre qu'il eût à remercier la princesse.

Cette pensée ne fut pas assez clairement exprimée pour que l'infortuné la conçût. Alors Castriot, le jetant par terre d'un vigoureux coup de poing, lui cria : « A genoux, Judas, et baise la poussière de ses pas !... »

Clotilde gémit et se retourna promptement, comme pour ne pas être témoin d'une chose pénible. Marie poussa les petits cris d'un enfant auquel on prend un joujou, quand Josette lui arracha le bonnet vert et rouge du Juif, dont elle s'amusait.

—Tiens, Juif?... dit la soubrette,

en tendant les deux cornes rouges à l'Israélite immobile : et voyant qu'il ne faisait aucun mouvement pour le reprendre, elle le lui jeta au nez.

—Allons, venez, Marie, ajouta-t-elle, en emmenant l'Innocente, qui ne cessait de regarder Nephtaly en lui faisant des grimaces.

— Et c'est un Juif!... dit involontairement Clotilde, en s'éloignant, suivie de son cortége.

— On pourra lui imposer des contributions, s'il est riche, répondit l'évêque.

— Et le tuer s'il ne les paie pas, répliqua Castriot.

— L'on essaiera de le convertir, dit le premier ministre.

Josette s'étant déjà retournée pour examiner l'Israélite, observa très-judicieusement à sa belle maîtresse, qu'il gardait toujours la même posture, et qu'il baisait la marque du cothurne de Clotilde, en la suivant d'un œil enflammé!...

—C'est un Juif!... répliqua Clotilde; et, le préjugé agissant dans toute sa force, alors qu'elle ne voyait plus la figure suave de l'Israélite, elle eut un léger frisson, en songeant qu'elle venait d'approcher de trois pas un être aussi immonde..

. . . .

(*Note* 1re. *Voir à la fin du* 4e. *volume.*)

CHAPITRE III.

Sire, grâce!..... grâce!.....
(*Opéra du Condamné.*)

Allons, donne-moi ton or!.....
(Shakespeare.)

L'amour, par tyrannie, obtient ce qu'il demande;
S'il parle, il faut céder; obéir s'il commande;
Et ce dieu, tout aveugle et tout enfant qu'il est,
Dispose de nos cœurs, quand et comme il lui plaît.
(Corneille, *Trag.*)

Jusqu'ici, lecteur, l'usage étant de se ranger du côté de la majorité, nous sommes forcés de laisser le beau Juif à la colline des Amans, et de suivre les sept personnages qui s'en retournent au château.

La belle princesse était pensive, et la route se serait achevée en silence, si le guerroyant évêque n'eût dit à Monestan :

— Je prétendais donc que rien n'est plus facile que de reprendre l'île de Chypre, et voici comme...

Alors il s'engagea une conversation très-animée, dont le lecteur doit savoir le résultat, c'est-à-dire, que Nicosie ne fut pas reprise, malgré la cavalerie de Kéfalein, les trente mille hommes de l'évêque, et les étendards que Monestan faisait bénir par le Saint-Père.

La princesse, toujours préoccupée, ne disait mot, et tant qu'elle fut sur la route, elle marcha très-lentement, sans toutefois se retourner.

Arrivée près de l'avenue, elle s'arrangea pour pouvoir, en y entrant, donner un coup d'œil sur l'endroit où était Nephtaly. Josette se trouva par malheur à ses côtés... Jamais la pauvre soubrette ne sut comment Clotilde avait pu faire un faux pas sur un sable uni comme une glace; et surtout pourquoi la princesse, en s'appuyant sur elle, la poussa avec tant de violence.

Quoiqu'alors la fille de Jean II n'ait lancé sur le Juif qu'une fugitive œillade, elle n'en vit pas moins ce dernier embrasser un gland détaché de sa tunique et le mettre dans son sein....

Ce que la vérité historique force à dire, c'est que du moment qu'il fut impossible à la princesse d'apercevoir Nephtaly, elle s'avança vers le château avec trop de rapidité pour que Monestan, l'évêque et le connétable, pussent la suivre.

Sa course s'interrompit par un obstacle. Cet obstacle était la rencontre d'un petit homme gros et court, dont le centre, c'est-à-dire le ventre, se présentait avant l'homme même, tant cette partie semblait, par son volume, faire un être à part. Il sortit de cette machine vêtue de noir, une petite voix clairette comme celle d'un flageolet.

— Madame, la colonne d'air atmosphérique aurait-elle attaqué votre système nerveux? je vous trouve la figure altérée! Ah! vous aurez trop pensé. Je le répète pourtant assez, les émotions du cœur et de l'esprit sont les plus grands fléaux de la santé; *moi, par exemple,* si je me porte bien, c'est que je ne pense jamais... La vie est tout, et chacun la gaspille...

— Mais je vous assure, maître Trousse, que mon système nerveux, répondit-elle en souriant, n'a pas souffert de ma promenade.

— Alors, madame, mes fonctions de médecin cessent, et je vais m'acquitter de celles d'huissier du roi, en vous prévenant, qu'il m'envoic savoir quel accident vous retarde si long-temps dans votre promenade : et, comme on ne sait ni qui vit ni qui meurt, je m'étais chargé de mes instrumens de chirurgie, en cas de malheur; car, *moi*, je prévois tout et j'opère fort bien, et c'est bien naturel, j'ai étudié à Grenade...

Cette observation fit marcher Clotilde encore plus vite : elle laissa son cortége en chemin. Josette, Castriot et la nourrice, seuls, la suivirent.— Au moment où elle entra, l'Albanais voulut s'esquiver. Ayant fourré dans sa cervelle, pendant la route, qu'il commettait un crime de lèse-majesté, en laissant vivre un Juif vénitien, coupable d'avoir regardé la princesse avec concupiscence, il courait le tuer. Castriot, semblable à cette bête féroce apprivoisée par Androclès, ne connaissait que Clotilde et son père ; il eût assassiné Monestan, tout le premier, s'il se fût imaginé que le prince en était mécontent. La princesse le rappela, il vint à pas lents et la tête baissée.

— Castriot, dit-elle, jurez, par ma vie, que vous respecterez celle de Nephtaly - Jaffa. L'Albanais, comme un renard pris au piége, prononça le serment en rechignant. Ce serment était solemnel pour lui, il le tenait avec la même fidélité que les dieux d'Homère, celui du Styx.

Ainsi rassurée, la belle Clotilde traversa les cours, aux sons du cor, et au milieu de la haie respectueuse formée par la foule des domestiques et des Cypriotes de la maison. Son passage peu fréquent donnait lieu à des acclamations et à des cris de joie. Plusieurs lui parlèrent; contre son ordinaire, elle ne leur répondit rien, et ces pauvres gens furent étonnés de ne pas entendre sa douce voix et les mots pleins de bienveillance qu'elle leur adressait toujours.

Parvenue à la dernière cour et au corps-de-logis dont la façade donnait sur le bord de la mer, elle monta avec empressement aux appartemens du Roi.

Jean de Lusignan ayant choisi pour demeure, le premier de cette somptueuse façade, s'y trouvait entouré d'une magnificence royale. Une vaste salle des gardes, bâtie par Guy pour contenir ses chevaliers, en impose par son air guerrier. Elle est ornée de trophées, d'armures et de tous les portraits des rois de Chypre sauvés du pillage de Nicosie par Kéfalein; le salon d'audience vient après, il est décoré par les étoffes précieuses du Levant, et un dais rouge et le trône y brillent malgré les autres meubles précieux qui les garnissent, la balustrade du trône est en or pur. Le cabinet royal est ensuite; puis, la chambre du monarque se trouve la dernière : elle est ornée d'un tapis de Perse et d'un mobilier gothique, mais éclatant par un rare travail. La chaise grossière de la fameuse Mélusine forme par sa présence un contraste assez singulier.

Le prince, vêtu d'une dalmatique garnie de menu-vair, mais encore mieux décoré par ses vénérables cheveux blancs, qui rendaient plus touchant l'air de bonté répandu sur son visage, était alors dans cette chambre. Rassemblant les forces de sa vue éteinte, il fatiguait ses yeux paralysés en cherchant à découvrir sa fille, dans le groupe qu'il entrevoyait, comme une masse, dans les cours.

Tout à coup le vieillard quitte sa fenêtre, prête l'oreille, et comptant sur son reste de vue, se dirige vers la porte, en heurtant tous les meubles qu'il rencontre. Clotilde n'est encore que dans le salon rouge, et déjà ce bon père, entend les pas légers de sa fille. Sa figure presque morte s'anime de tout l'incarnat qui peut nuancer la pâleur de la vieillesse, et lorsque Clotilde entre, elle trouve son père qui lui tend les bras.

— C'est vous, ma fille; je ne vous ai pas encore vue d'aujourd'hui!... et le vieillard l'embrassa sur le front, sans se tromper. — Vous êtes émue, car j'entends battre votre cœur, qu'avez-vous ?.... Est-ce le bonheur ou d'autres infortunes qui causent votre trouble? y a-t-il de mauvaises nouvelles?.... Enguerry aurait-il connaissance de nos trésors?..... Ces derniers mots furent prononcés à voix basse.

— Non, mon bien-aimé père; si je suis émue, c'est que je viens implorer la bonté du roi, sans être sûre de réussir.

— Vous êtes donc du complot, ma fille? L'on veut me faire croire que je règne toujours!....

— Hélas, mon père, je vous présente la requête d'un pauvre Juif...

— Un Juif!... s'écria le Monarque; ma fille, un Juif vous aurait-il approchée?... Il s'en trouverait dans mon royaume!... que dis-je?.... dans mon domaine!.... Oubliez-vous que Henri Ier. a péri de la main d'un de ces ennemis du Sauveur?...

Clotilde fut presque heureuse de ce que son père ne put voir la rougeur de son front.

— O mon père, reprit-elle en caressant le vieillard et en prenant les plus douces inflexions de sa voix, si vous connaissiez ses malheurs, vous en seriez touché. Enguerry-le-Mécréant a brûlé, ce matin, sa demeure, il est sans asile, et ne demande que d'habiter votre domaine. Voici la première fois que je vous implore !.... me refuserez-vous ?...

— Petite syrène, un rocher s'attendrirait à votre voix !.... où est-il ce protégé ?

— A la colline des Amans !.... Il y est peut-être encore !.... ajouta-t-elle entre ses dents.

— Comment savez-vous qu'il y est resté, reprit Jean II dont l'ouïe, par sa finesse, compensait la cécité.

Clotilde embarrassée garda le silence.

— De quel pays est-il ?....

— De Venise, répondit-elle en tremblant.

—O ma fille!.... c'est admettre un serpent! s'écria le méfiant vieillard; Venise, continua-t-il avec cette chaleur guerrière, apanage des Lusignans; Venise; ne l'a-t-elle pas chargé de détruire une dynastie qui, tant qu'elle existera, ne la laissera pas tranquille dans sa possession?..... Je ne tremble que pour vous, ma fille!... Un Lusignan, trop vieux pour reconquérir le trône qu'il a perdu, peut se regarder dans la tombe!....

—Il mourra donc, l'infortuné!... Le vieillard s'émut. — Le Mécréant le fera périr!..... ajouta la jeune fille. — Alors le Monarque chercha sur sa table d'ébène son sifflet d'or; l'empressée Clotilde l'eût bientôt poussé sous sa main, et Jean remua la tête, en signe de mécontentement, pendant qu'il siffla deux coups. —Bientôt l'on entendit les pas pesans de maître Trousse.

—Faites venir Hercule Bombans.

L'intendant ne tarda pas à montrer sa figure soucieuse. Si l'avarice n'y avait pas éclaté, par les protubérances si savamment décrites par Gall, ses habits hors d'âge l'eussent certainement indiquée. Toutes les fois qu'il paraissait devant le prince, sa visible anxiété n'annonçait pas une consience très-nette. Il se rassura donc en entendant ces paroles.

—Allez à la colline des Amans,

vous y trouverez un Juif : dites-lui, que Jean de Lusignan lui accorde un asile, à la condition qu'il n'approchera jamais du château ; si on le trouve à dix pieds de distance il sera pendu... L'intendant frémit involontairement à ce mot.

—Avertissez, continua le prince, Castriot et les gens de cette circonstance. Bombans sortit.

— Êtes-vous contente ? dit le vieillard à sa fille.

Pour toute réponse, elle embrassa ses yeux privés de lumière ; elle tint compagnie au bon vieillard ; joua du luth toute la soirée ; chanta des romances du temps, en choisissant de préférence celles qui parlaient d'amour; enfin elle donna mille petits signes d'une joie intérieure, dont Lusignan ne comprit pas le motif...Je le crois, la jeune fille l'ignorait encore!...mais elle était contente!.....

L'intendant, monté sur un vieux cheval qui lui fut donné par un fermier arriéré, s'empressa d'exécuter les ordres du Roi, en essayant de faire trotter le pauvre animal vers la colline des Amans, et par habitude il regardait autour de lui, comme s'il eût craint les voleurs....

Au milieu de l'avenue, il se mit à réfléchir, combien il devenait de plus en plus difficile de faire les comptes; qu'il serait prudent de mettre en sûreté son petit trésor, en quittant le service du prince;... n'avait-il pas, lui Bombans, gagné loyalement son argent?..... Il est vrai qu'il interpréta toujours les choses en sa faveur; mais le système interprétatif n'est-il pas admis?.....L'argent que j'ai en ma possession, tant qu'on ne me prouve pas qu'il n'est pas à moi, est à moi?...Il le comptait et recomptait déjà dans sa pensée, lorsqu'une voix retentissante, des cris de guerre et le pas d'une cavalerie se font entendre.

—Chargez..... ki, ki, mes amis; courage, voilà l'ennemi?.....

A ces mots terribles, l'intendant ne doute pas qu'Enguerry ne soit en embuscade. Il s'écrie : « Monseigneur, ayez pitié de moi !... *J'avais bien dit qu'il m'arriverait malheur !...* Grâce !......

—Fermie !..... ki..... ki, ki !

—Hé bien, continua Bombans, je vous donnerai mille besans de rançon. Hélas, ils ne sont pas à moi, je n'ai rien à moi..... mais je les emprunterai.....

—Ki, ki, allez mes amis, ferme en selle...

L'intendant, abattu par la peur, se coule à bas de son cheval et se met à genoux : Grâce ! reprit-il... Sa frayeur fut vive mais courte, car il vit passer Kéfalein qui, monté sur Vol-au-vent, faisait manœuvrer sept à huit chevaux, afin de créer au prince une cavalerie provençale.

— Hé bien, Bombans, ce n'est pas l'heure de matines...

— Monseigneur, je suis tombé de cheval.

— Mauvais écuyer !..... A ces mots prononcés avec le ton du plus souverain mépris, le connétable s'éloigna au grand galop.

L'intendant remonta sur sa pauvre bête et continua son chemin. Une idée vint l'illuminer d'un trait de feu, et s'applaudissant de son génie, il pressa son cheval et fut bientôt près du Juif. On va voir si Hercule Bombans s'entendait en finance.

—Etes-vous Juif? demanda-t-il brusquement à un homme, dont les yeux étaient attachés sur les tours de Casin-Grandes.

— Hélas oui!... répondit Nephtaly de sa douce voix.

— Eh bien, misérable ennemi du Sauveur, le prince t'accorde un asile à deux conditions : la première, que tu n'approcheras jamais à plus de dix pieds du château; si l'on te trouve à neuf, tu seras immédiatement pendu. Ici la voix de Bombans s'altéra, car jamais il ne prononçait ce mot bien distinctement. La seconde condition, reprit-il, est que tu vas lui payer par les mains de son intendant, et ce, sans quittance aucune, mille livres tournois, pour son secours et sa protection qui ne te manqueront jamais... Paie et entre sur nos terres ?.....

— Comment les donnerais-je ?.. répondit le Juif d'un ton lamentable, j'ai été pillé ce matin, et je n'ai plus rien !....

— Sang-sue, veux-tu vite les compter !...... Ce ne sera qu'une restitution de tes usures... Ce n'est pas que je condamne l'usure ?...... mais, vous autres Juifs, vous en prenez trop et gâtez le métier..... Ainsi paie ?...

—Il faut donc quitter ces lieux!...
Et Nephtaly fit un pas.

L'intendant, embarrassé par les ordres du Prince, et craignant qu'il ne s'en allât, s'efforça de le retenir par ces terribles paroles : « Tu veux donc mourir en prison ? Monseigneur m'a ordonné de t'y mettre, en cas de refus, et tu auras toujours un asile préférable à celui d'Enguerry ; car il te tuera sans rémission au lieu de t'écouter. »

—O Salomon!..... Le juif s'arracha les cheveux..... Israël!..... Dieu de Jacob!.... on me tue!.... l'on m'assassine!...

— Jure, mais paie..... et la figure de Bombans s'épanouit en entendant l'Israélite continuer ses imprécations, ce qui annonçait que sa bourse allait se délier.....En effet, Nephtaly, comme saisi d'un trait de lumière, défit lestement (ce qui est un miracle pour un Juif) la doublure de son manteau et il présenta un billet à Bombans.

—Tenez? je n'ai que cinq cents livres, dit-il d'un ton piteux, c'est un billet sur le trésorier du roi René-le-Bon, comte de Provence.

—Scélérat, paye mille francs....
—Je ne les ai pas!.....
—Paieras-tu?.....
—Je ne les ai pas!...
—Je m'en vais prendre ton man-

teau! s'écria Bombans d'une voix terrible.

— Tenez, le voici! dit l'Israélite.

Cette manœuvre hardie en imposa à l'intendant; il ne crut pas un homme capable de céder son trésor avec un tel sang-froid. Nephtaly lui paraissait comme impatienté, et la soumission juive l'abandonnait déjà.

Alors Hercule Bombans se contenta des cinq cents livres en ajoutant, moitié souriant de ce qu'il touchait et moitié chagrin de ce qu'il croyait perdre :

— Tu solderas le reste plus tard!

Ici le juif fixant ses beaux yeux noirs sur l'intendant lui dit :

—C'est mon tour !.... M°. intendant, je puis faire savoir au prince que, vous, qui êtes parti de Chypre nu comme un ver, possédez maintenant pour cent mille livres de biens dans le Dauphiné, sur les terres du comte Gaston le fils du roi René.... Vous avez bombé vos comptes, M. Bombans.

L'intendant consterné ne souffla mot, sa triste figure indiqua le plus violent combat qui se soit livré dans le corps d'un avare : nul doute que ces paroles tendaient à lui faire opérer une restitution....

— *J'avais bien dit qu'il m'arriverait malheur !....* Nephtaly devina la pensée de l'intendant.

— Rassurez vous Bombans, lui dit-il avec des yeux brillans de désirs, je vous abandonne les cinq cents livres, si vous voulez m'indiquer, en quel endroit donnent les croisées de la chambre où repose la princesse Clotilde....

Une femme entre son devoir et son plaisir; un auteur entre l'argent sans gloire, et la gloire sans argent; un gastronome entre deux plats; un ministre forcé de chanter la palinodie, n'éprouvent pas un choc aussi violent que Bombans... Malgré la pensée que ce Juif pouvait avoir de mauvais desseins, d'après le ton impérieux qu'il prenait en ce moment, le démon de l'avarice l'emporta, et il répondit avec une espèce de rage.

— Oui!... et il piqua des deux. Mais Nephtaly arrêtant par la bride la pauvre bête (je veux dire le cheval), s'écria d'une voix menaçante : « Hé bien ?... » — L'intendant, faisant la grimace, répondit :

— La chambre de la princesse fait l'angle de la façade du côté de la mer, une de ses fenêtres donne sur la Coquette, et l'autre sur le bord de l'eau!....

Ayant dit ces mots, avec une rapidité qui permet de croire qu'il craignait d'user sa langue, Bombans serra fort attentivement le billet, tout en s'enfuyant comme s'il eût commis un crime...« Au surplus, se dit-il, du diable *s'il peut m'en arriver malheur?* La Coquette est dans cet endroit comme une muraille de cinquante pieds de haut!... c'est inabordable!... et puis, s'il en approche?... on le pend! Ayant ainsi rassuré sa conscience, l'intendant poursuivit sa route (1)........

* * * * *

Le soir vint.... Clotilde se retira chez elle, Josette fit son service accoutumé; et lorsqu'après avoir allumé une lampe d'huile parfumée, la jolie fille de Bombans se fut éloi-

---

(1) Les lacunes que l'on rencontrera quelquefois, sont dans le manuscrit des R. P. Camaldules. (*Note de l'Éditeur.*)

gnée, la princesse, au lieu de se coucher, se mit à la fenêtre du bord de la mer, pour contempler la beauté de la nuit.... A l'aspect de l'immensité de cette mer alors silencieuse, et de la muette éloquence du ciel étoilé, ont la lumière vive et scintillante contrastait avec le terne de la mer et ses pâles reflets, la princesse resta long-temps plongée dans une tendre mélancolie dont, jusqu'alors, elle avait ignoré le charme... Des pensers inconnus vinrent agiter son cœur!.... Un léger bruit la tira de cette douce rêverie... ce bruit partait de la Coquette.. Le cœur de la jeune fille battit avec force.... non qu'elle eût peur, mais ce bruit avait quelque chose de soyeux et de délicat... enfin, il coïncidait tellement avec sa pensée, qu'elle courut à l'autre fenêtre; et, tirant brusquement deux riches rideaux verts fabriqués en Perse, et que le commerce des Vénitiens répandait en Europe, elle aperçut!... le Juif, suspendu sur l'abîme par une pointe de rocher de trois pieds de large, qui se trouvait au milieu de la muraille formée par la Coquette.... Il lui parut incompréhensible, qu'un homme eût assez de courage pour aller se placer sur cette faible inégalité d'un roc droit comme le mur d'un bastion...«Et dans quel motif?»... se dit-elle... Au milieu de l'effroi dont elle était saisie, je ne sais quel sentiment involontaire lui fit admirer ce beau Juif, couché dans une position pleine de tant de grâce, qu'on l'aurait crue un effet médité par Phidias... La douce clarté de la lune l'entourait d'un léger nuage de lumière, qui donnait un charme extraordinaire à ses attraits. Clotilde vit briller un bijou sur son sein... Elle reconnut le gland de sa tunique!... Nephtaly, presqu'à deux doigts du bord de l'inégalité du rocher, contemplait la croisée de la princesse avec des yeux pleins d'ivresse et de bonheur, et le calme de sa belle figure annonçait la douce harmonie de ses pensées.... Une heure s'écoula, rapide comme un songe, et sans son horloge d'eau, Clotilde aurait cru n'avoir passé qu'un léger instant. S'arrachant alors à cette fatale contemplation, la princesse sortit de sa rêverie, et songeant aux paroles de son père, elle s'écria tout bas : « Il est trop beau pour être criminel !... »

La jeune fille, émue au dernier point, s'endormit au milieu du murmure gracieux des flots, et de l'importune agitation de la raison sévère... Au moment où le sommeil s'empara de ses sens, elle voyait encore l'ovale délicat, la blancheur et la beauté des traits de cette figure juive........

CHAPITRE IV.

.... *Quid non mortalia pectora cogis,
Auri sacra fames ?...*
(Virg., Enéid., liv. III.)

Que ne peut l'infernale soif de l'or !...
(Trad.)

Entendez-vous le son du cor?
Il retentit encor
A mon oreille.
(Thibaut, Egl. X.)

Pendant que tout le monde dort au château de Casin-Grandes, je prie mon aimable lectrice de prendre, si cela ne la fatigue pas trop, le chemin de la colline des Deux-

Amans... Ah! madame, puissiez-vous ne jamais éprouver le malheur qui la fit nommer ainsi! Je vous le raconterai quelque jour, si mon style vous plaît... Pour le moment, ne vous arrêtez pas à cette jolie colline; et, veuillez continuer lar oute pendant huit milles? alors vous vous trouverez au milieu du malheur et de la désolation, c'est-à-dire, au milieu du pauvre bourg de Montyrat.

Depuis le matin il était en proie à toutes les horreurs d'un pillage... Et quel pillage grand Dieu!... Sur la grande place et devant l'église, un homme à cheval commande, avec un rare sang-froid, les plus affreuses cruautés. Il est assez bien fait, sa figure même est douce, mais son œil a quelque chose de faux, comme celui du chat, et de barbare, comme celui du tigre. Ses cheveux, qui ne frisèrent jamais, ont cette couleur rouge que l'on prête à ceux de Caïn. Il voyait tranquillement et de l'air le plus innocent du monde, toutes les portes des maisons enfoncées et ses soldats en tirer de force les malheureux habitans, qui n'avaient pas eu le temps de fuir dans les bois. On les amenait devant lui, et ils s'y tenaient dans la contenance la plus humble. Les cris des jeunes filles et leur silence; le bruit des portes secrètes que l'on brisait, et les juremens des soldats; la défense imprudente des jeunes et la résignation des vieillards; les cadavres et le sang répandu, formaient un tableau, dont le spectacle aurait arraché des larmes de compassion, à tout autre, qu'au sire Enguerry-le-Mécréant.

Sur une table grossière, dont les supports chancelaient sous le poids, les soldats apportaient scrupuleusement, l'argent et l'or ravis aux malheureux qui, pour comble de barbarie, étaient spectateurs de ce monceau de leurs dépouilles. Le curé du lieu gémissait sur les vases sacrés, en levant au ciel ses yeux pleins de larmes; mainte jeune fille, encore toute rouge, regrettait, en réparant le désordre de sa toilette, ses croix d'or et tous ses petits bijoux..... Le visage des vieillards portait l'empreinte de cette douleur concentrée qui leur est propre.... Enfin les soudards ne cessaient de charger cette table, jusqu'à ce que la somme exigée par Enguerry fût complète... Le reste du butin devait leur appartenir.

Les soldats furetaient avec une avidité sans égale; cependant, une certaine inquiétude régnait dans leurs recherches: tout à coup, ils jetèrent des cris de triomphe, et le Mécréant daigna porter ses yeux sur la maison la plus apparente de Montyrat, d'où partait le bruit. — C'était la demeure du plus riche du village, en un mot, de l'intendant calomnié, que Janus destitua et que le comte de Provence nomma Bailli.

A ces clameurs soudaines, les habitans se retournèrent aussi, et ils frémirent, en voyant leur bienfaiteur indignement traîné par les soldats, qui le découvrirent au fond d'un puits, où il s'était caché. Son fils se trouvait, par malheur, à côté d'Enguerry, et celui-ci remarqua la défaillance du jeune homme, quand il aperçut son vieux père, couvert de boue, maltraité, menacé par les soldats, qui l'amenèrent devant le Mécréant. Le vieillard, au milieu de ce péril, avait l'air calme que le poëte lyrique signale comme l'enseigne de l'homme vertueux...

— Ah! te voilà, dit Enguerry, séditieux personnage, qui persuades à tes subordonnés de résister à l'autorité?... Avoue où sont tes trésors, et tu auras la vie!...

Le vieillard, immobile, resta muet.

— Réponds au chef! s'écria un soldat, en le frappant avec un bâton...

— Tu dois être riche, reprit Enguerry, tu as assez volé dans ton intendance, concussionnaire infâme!

A ce reproche, le vieillard s'anime et s'écrie : « Dieu m'est témoin !.. »

— Témoin ?... Tu vas le savoir, si tu ne déclares où sont tes trésors !

—Cherche-les ? lui répondit le bailli, ils ne sont pas loin ! — Un brutal soldat lui appliqua un violent coup de plat d'épée sur la figure, en lui disant : « Parle avec plus de respect au chef?... » Le vieillard ne s'émut en rien.

—Tes trésors, hérétique ? répéta Enguerry, avec un ton qui ne souffrait pas de réplique.

—Les voici ! dit le bailli de Montyrat, en montrant les habitans ; tous leurs cœurs sont à moi..... prends-les si tu peux ?...

—Certes, je le puis... Ce mot fit trembler les paysans. Ah ! tu plaisantes, vieux pécheur? songe à toi !... Je ne t'interroge plus qu'une fois. Pense bien à ta réponse !.. Où sont tes trésors et ceux de la commune ?... » En disant cela, le Mécréant tira son épée et jeta un coup d'œil malicieux sur le fils du bailli. Le courageux vieillard resta toujours muet, en montrant un visage tranquille, au milieu de la forêt d'épées dont les pointes se tournaient vers lui.

— Vieillard !... songe que tu l'as voulu !... et sur-le-champ, le Mécréant trancha d'un coup d'épée la tête du fils, il la prit et la posant sur la table à trois pas du vieux bailli, il lui dit froidement : « Répondras-tu ?... »

Le bonhomme, stupéfait et blême, murmura faiblement : « Mon fils !... » et il tomba roide mort. A ce spectable horrible, les habitans se serrèrent les uns contre les autres.

—L'imbécile, s'écria Enguerry, il meurt sans dire où est son argent!... que le diable l'emporte!.. Le Barbu, cherche sa femme.

—Le Barbu n'y est pas, répondit un soldat.

—Où est-il ?

—Nous n'en savons rien !...

—Il aura affaire à moi !... Nicol,

dit Enguerry à un autre de ses lieutenans, cherchez la femme de ce bailli de malheur?

Le corps de l'infortuné jeune homme était tombé sur sa fiancée ; elle le retint entre ses bras, en laissant couler le sang sur elle; car, elle contemplait, d'un œil sec et égaré, cette tête chérie posée sur la table, où elle souillait les besans d'or, les croix et les vases sacrés : elle semble chercher un regard, dans ses yeux que l'absence de la vie rend effrayans…. Les plus courageux tremblèrent, à l'idée de ce qui pouvait leur arriver, si le Mécréant venait à se mettre en colère ; alors un horrible silence régna dans le village, et dans ce moment, l'on aperçut sur les montagnes d'alentour les têtes de quelques fugitifs se hasardant à regarder leur patrie.

Les soudards ne tardèrent pas à revenir, en traînant avec peine une vieille femme, dont les cheveux gris échevelés, les vêtemens déchirés, et les bras nus, auraient annoncé la résistance; si le visage en sang des ravisseurs, ne l'avait pas énergiquement attesté. On l'amena au milieu du cercle formé par les soldats, autour de la table devant laquelle est Enguerry.

A l'aspect du corps de son mari, le parchemin ridé de ses joues maigres se contracte et une voix criarde sortit de sa bouche démeublée.

— Brigand !... tu recevras le salaire de tes crimes !... Infâme, si notre bon roi René n'était pas à Naples, tu serais déjà pendu ! n'importe, son fils Gaston ne peut tarder, et ta dernière cravatte se file !... Que j'en paierais volontiers le chanvre, assassin !... hérétique, qui renie Dieu !....

— Il ne s'agit pas de moi !... dit froidement Enguerry, en remuant, avec la pointe de son épée sanglante, les richesses accumulées sur la table... Ce mouvement fit apercevoir à la vieille, la tête de son fils. Elle resta comme une statue :

un cri plaintif sortit de son gosier.

— Tais-toi, vieux registre? dit un soldat, le chef te parle....

— Il s'agit, continua le Mécréant, de nous dire où sont tes trésors et ceux de la commune?...

La vieille ne répondit rien.

— M'entends-tu? reprit Enguerry. — Les yeux toujours fixés sur la tête de son cher fils, la vieille ne souffla mot.

— Le Barbu?... le scélérat n'y est pas!... Nicol donc, fais chauffer de l'huile?

Les soldats, à la voix d'Enguerry, s'empressent d'apporter des meubles, ils les allument, dressent une immense chaudière et l'emplissent d'huile. Pendant que l'huile s'échauffa, ils continuèrent à fouiller les maisons, à rudoyer et tuer ceux qu'ils trouvaient cachés, et le terrible Mécréant, séparant chaque chose du bout de son épée, s'amusa à compter de l'œil ce que pouvait valoir son butin. Les habitans avaient la fièvre, en voyant apprêter l'affreux supplice de la vieille, qui, veuve de tout ce qu'elle chérissait, restait immobile en se repaissant de la vue de cette tête...

Nicol eut, bientôt et trop tôt, planté un poteau au-dessus duquel il mit un morceau de bois en travers, qu'il fixa par une corde.... L'huile bouillait...

— Allons vite, dit Enguerry, dépêchons!...

Alors Nicol saisit la vieille, l'attache par les aisselles au bout de la poutre, qui s'avance au-dessus de la chaudière ; et, prenant la place du soldat, qui la haussait à trois pieds de l'huile enflée par des bouillons jaunâtres, il attendit l'ordre du chef insensible...

—Parleras-tu maintenant, vieille sorcière? s'écria Enguerry.

La pauvre femme, quoique suspendue dans les airs au-dessus de la mort, regardait la tête chérie de son enfant, avec l'égarement d'une mère au désespoir... Elle ne voyait qu'une chose!... cette tête!...

— Où sont tes trésors? répéta Enguerry, les yeux étincelans de colère.

La vieille ne lui répondit qu'en croisant son index droit sur l'index gauche, et en faisant des gestes ironiques, qui nous prouvent que la chanson de : *On vous en ratisse*, est de la plus haute antiquité... Le visage de la vieille se plissa, et elle poussa un rire fanatique.

Cette plaisanterie féminine mit Enguerry en fureur.

— Plonge, Nicol?— Et la vieille fut plongée, à moitié, dans la chaudière, et relevée presque aussitôt.

Un cri d'horreur s'éleva parmi les paysans ; mais Enguerry les regardant d'un air farouche, ils se turent et restèrent cois.

—Vieille infernale! où sont tes écus?... La baillive recommença ses gestes ironiques.

—Plonge, Nicol, et laisse-l'y.

La vieille obstinée resta dans la chaudière, et tout en poussant un hurlement terrible, l'œil sec et regardant son fils, elle nargua le Mécréant jusqu'à son dernier soupir. —A ce spectacle, un des habitans mourut de douleur.

—*De profundis*, dit le soldat qui le vit tomber.—Enguerry, furieux, massacra une dixaine de paysans, et donna l'ordre de brûler le village.—Le feu fut mis par Nicol. Lorsque la flamme fut générale, et qu'au milieu des tourbillons de cendre, de brandons et de fumée, les toits tombèrent ; un faible cri plaintif et unanime s'échappa du groupe consterné ; quelques-uns s'écrièrent : Au feu ! au secours !... de l'eau !... par instinct et sans savoir ce qu'ils disaient.... Heureusement pour eux, leurs voix se perdirent dans l'épouvantable craquement de l'incendie...

Ça n'a pas rendu ! dit Enguerry en chargeant un cheval de tout son butin ; mais, ajouta-t-il en se retournant vers les paysans, la somme est complète : je vous donne la vie....

— Direz-vous merci ? cria Nicol aux paysans, muets à cette largesse.

— Vive monseigneur !... s'écrièrent-ils en chœur.

Au moment où le Mécréant montait à cheval, la jeune fille qui devait épouser le fils du bailli, s'étant saisie de l'épée de Nicol, voulut percer le Mécréant au défaut de sa cotte de mailles. Malheureusement l'arme glissa, et Enguerry se retournant, la prit par la taille, et la plongea lui-même dans la fatale chaudière. Elle y mourut en tenant entre ses bras la main de son bien-aimé.

Les soldats n'en continuèrent pas moins à chercher avec ardeur dans les cendres des chaumières;

ils y firent un ample butin dans les murs ; et les cendres des meubles où les paysans avaient resserré leur or, le chaume des toits, les bois de lits creusés, découvrirent des cachettes antiques et des monnaies enfouies depuis long-temps.

Un des soldats enfonçant une huche oubliée dans une basse-cour, y vit une pauvre femme à qui il demanda : Que fais-tu là ? — Je me promène, dit-elle. Que ne peut l'épouvante !

Tant que les soldats restèrent, les habitans n'osaient ni pleurer ni remuer. — Enfin, aux sons du cor d'Enguerry, les soudards revinrent un à un. Des charrettes emportaient les moissons, les fourrages et les huiles... Le bourg n'offrant plus rien à prendre, ces brigands n'y laissèrent que le désespoir, la rage, et les habitans dénués de tout.

— Mes amis, leur dit en partant Enguerry d'une voix doucereuse, vous êtes miens, et je vous l'ai prouvé : or désormais, ma protection vous est acquise et vous accompagnera toujours ; je vous défendrai envers et contre tous, pourvu que le tribut s'acquitte fidèlement ; une autre fois arrangeons-nous à l'amiable ?

—Vive monseigneur ! s'écrièrent les paysans.

Enguerry s'approcha du poteau

qui était à l'entrée du bourg, effaça sa croix rouge, et en mit une blanche. — Sa troupe se rangea en bataille, et prit le chemin du château. Le Mécréant suivit l'escadron.

Aussitôt qu'il fut parti, les paysans se regardèrent en pleurant et la mort dans l'âme. Des plaintes, ils passèrent aux murmures, et finirent par se reprocher mutuellement leurs torts, chacun rejeta le malheur public sur son voisin en l'injuriant.

— Vieil avare! tu as caché ton argent... que ne le donnais-tu?

— C'est toi, Lancy, qui le premier as refusé la contribution.

— Moi, non, c'est Jehan.

— Avare!..., etc.

Bref, ils se battirent et déchargèrent sur eux-mêmes la fureur que leur ruine avait allumée.....
Ce fut bien pis quand les fuyards revinrent des bois !.... Image de bien des États !

Cependant Enguerry continuait sa route, et chaque personne qui de loin apercevait la branche de cyprès, que tout soldat du Mécréant portait à son casque, s'éloignait au plus vite, ou sinon faisait d'humbles salutations aux terribles brigands.

A moitié route, un cavalier bien armé, galoppant à toutes brides, attira l'attention du sire Enguerry.

Le cavalier l'eut bientôt rejoint.

— Ah! te voilà, le Barbu, d'où

viens-tu ?.... de Casin-Grandes, je parie ?....

— Non, monseigneur.

— Prends garde à ce que tu dis, il y va de ta tête; d'où viens-tu ?...

— Monseigneur, je n'ai été que jusqu'à la colline des Amans, où j'ai poursuivi des fuyards.

— Tu mens, double chien! tu avais un rendez-vous avec quelque fillette du château de Casin-Grandes..... Crois-tu que j'ignore tes pas?.... Le Barbu, mon ami, un soldat amoureux, ne le fut-il que depuis quinze jours, est un mauvais outil, et je le casse.

— Je ne dis rien que je ne prouve, monseigneur, et voici la preuve, ré-

pondit l'imperturbable le Barbu.—
En achevant ces mots il ôta son casque et en tira un sac d'or.—Tenez, ajouta-t-il, j'ai rencontré un Juif, qui courait lestement, je l'ai poursuivi, et lorsqu'il s'est senti près d'être atteint, le castor m'a lâché sa peau.

— Allons, le Barbu, ta paix est faite; garde le sac pour toi, et va te mettre à la tête de la troupe; par le tranchant de mon épée je t'aurais tué, si je t'eusse trouvé amoureux; gorgez-vous dans le pillage, mais morbleu rien de sérieux, ou l'on n'est pas mon fait!..

—Par le ventre de défunt ma pauvre chèremère, je jure, capitaine, que je ne songe pas au mariage!...

On arriva au château-fort d'Enguerry, situé sur une hauteur : c'était une de ces positions imprenables tant que le canon ne fut pas connu ; on pouvait y braver la colère de tous les rois pourvu qu'on eût des vivres, et c'est ce dont Enguerry avait soin. Cette position lui donnait son assurance, car jamais il ne déguisait ses desseins!... la force est toujours franche...

Les soudards partagèrent fidèlement entre eux le butin fait à Montyrat; ils se mirent à boire, chanter et rire sans nul souci de la justice divine et humaine, impuissante dans ces temps-là.... Enguerry monta dans son appartement et serra soigneusement sa contribution en un trésor habilement caché dans les murs épais de ce château... Il le contempla un moment, en mesurant de l'œil la quantité qui n'était pas encore assez considérable, pour qu'il pût entreprendre de vastes desseins dont l'époque justifiait la hardiesse... Il ne tendait rien moins qu'à la conquête d'une principauté, dont l'héritière chassée par ses sujets serait forcée d'accepter la main d'Enguerry..... On n'a jamais su quelle était cette princesse, attendu que ce dessein fut le seul sur lequel Enguerry garda le silence.

Se trouvant fatigué, le Mécréant se disposait à se coucher, lorsque la sentinelle placée sur la tour d'observation sonna du cor...

CHAPITRE V.

D'animaux malfaisans, c'était un très-bon plat.
(La Fontaine, Fables.)

Il y a des héros en mal comme en bien.
(La Rochefoucault, 190e. maxime.)

Et gavisi sunt et pacti sunt pecuniam illi dare.
(Ev. sec. Lucam, Ch. XXII, ⅄ 5.)

Ils se réjouirent, convinrent du prix, et la perte de l'innocence fut résolue.
(*Trad. libre.*)

Mon cher lecteur, je trouve dans les manuscrits de ces bons Camaldules, une note que je m'empresse de vous communiquer : ayant pris la charge de vous translater ces manuscrits de latin en français, en les ornant de quelques détails, que la narration sèche de ces bons pères ne contient pas ; je dois ne rien négliger pour votre instruction. Or, il résulte de cette susdite note que le personnage du sire Enguerry est parfaitement historique, en ce sens, qu'ils ont voulu peindre Louis d'Anjou, oncle de Charles VI, dont ces braves moines avaient à se plaindre... Ceci prouve qu'il ne faut jamais déplaire aux prêtres. — Vous me permettrez, en conséquence, de passer une foule de petites notes marginales, où il est dit à chaque prouesse d'Enguerry :... *C'est comme fit monseigneur d'Anjou*, etc.

Nous avons laissé Enguerry prêt à se coucher, tout à coup le Barbu entre précipitamment en lui disant :

— Monseigneur, un inconnu demande à vous parler.

— Quel est-il?

— C'est, m'a-t-on dit, un fort joli garçon.

— Que veut-il?

— Il se prétend ambassadeur.

— D'où?

— De Venise.

— Fais-le attendre dans la salle basse, j'y suis dans un instant.

Le Barbu descendit et trouva l'étranger dans la cour s'amusant à considérer les groupes de tous les soldats, jouant l'argent de leur butin ; buvant le vin qu'ils avaient pillé ; et mangeant, plus pour manger que par besoin.... Toutes ces figures farouches éclairées par la lune et par des torches exprimaient une foule de passions et de caractères, jusqu'aux sentinelles, qui du haut des tours, gémissaient de ne pas avoir été de l'expédition.

— Nicol, s'écria le Barbu, mets ce cheval aux écuries ? puis regardant l'étranger : « Par le ventre de défunt ma pauvre mère, vous ressemblez furieusement à un homme à qui j'ai grand sujet d'en vouloir pour certain coup !...

— Est-ce un honnête homme ? demanda l'étranger en riant.

— Je veux que le diable m'emporte si je le sais !...

— Alors, reprit l'inconnu, comment veux-tu que je sache si c'est moi ?...

— Allons, honnête homme ou coquin, suivez-moi, et le Barbu alluma une lanterne.

— Me mènes-tu donc à la cave ?
— Non...

Le Vénitien fut introduit par le Barbu dans un vaste salon lambrissé tout en chêne uni; pavé avec de grandes dalles de marbre blanc et noir; à croisées ogives garnies de petits carreaux de couleur; et sans autre ornement que des fauteuils de bois de noyer; seulement, au milieu de cette pièce, un morceau de bois noir, travaillé en forme du dessus d'une de nos chaires d'église, surmontait un fauteuil de drap rouge élevé sur une estrade. A côté était une table d'ébène.

L'inconnu se mit à examiner les armures attachées de distance en distance à la boiserie, et il en demanda l'usage au Barbu qui allumait deux grosses chandelles de cire jaune.

— Ce sont les armures que monseigneur donne à ceux qui se distinguent.

— C'est donc ici qu'il reçoit ?
— Jamais autre part.

A ces mots Enguerry entra et fut

s'asseoir sur son fauteuil rouge, en disant à l'étranger : « Soyez le bien venu.... » et faisant un signe au Barbu, le soldat resta près de la porte.

— Est-ce au comte Enguerry que j'ai l'honneur extrême de parler ? dit l'Italien.

— A lui-même ; répondit le Mécréant, en jetant un coup d'œil scrutateur sur l'étranger.

— Monseigneur, ce que j'ai à vous dire est de la plus haute importance et veut que nous soyons seuls.

— Je n'ai de secret pour personne, ce que je médite tout le monde le sait...

— Monseigneur, croyez !...

— Suffit. — Le Barbu, sors ? et dis à ceux qui jouent sous les fenêtres de s'en aller plus loin ? place une croix rouge à la porte de la salle, pour qu'on ne nous interrompe pas. En achevant ces paroles le Mécréant mit un doigt en l'air... Ce signe signifiait apparemment de rester en dehors, car cinq minutes après, on entendit dans la galerie le bruit du sabre de l'honnête lieutenant.

— Monseigneur, dit l'Italien, c'est assez inutile de se flatter; je vous préviens donc sans façon, que je suis le fameux Michel-l'Ange, au service de quiconque a des en-

nemis, de l'or et la force de me
protéger; je suis Vénitien et j'ai le
bras très-agile; tel que vous me
voyez, j'ai déjà eu l'honneur d'expédier pour le troisième hémisphère deux ou trois princes, après
toutefois, m'être fait donner l'absolution....

— M. l'Ange, vous moquez-vous
de moi ?....

— Permettez, Monseigneur ?...
Le personnel de l'ambassadeur expliqué, et possédant tant de droits
à votre bienveillance; j'en viens à
ma mission. Foscari, doge de Venise, fort honnête homme en son
particulier, mais obligé de commettre de petits crimes par son état

de doge, m'a chargé d'une ambassade dont vous êtes l'objet.

— Très-flatté suis-je, M. Michel-l'Ange, d'obtenir l'attention de la république; répondit Enguerry ne sachant à quoi s'en tenir, d'après le visage riant de l'envoyé.

— Vous devez cet honneur à votre courageuse scélératesse...

— Maître l'Ange! dit le Mécréant en mettant la main sur son épée.

— Là, là, monseigneur, calmez-vous; l'on n'a pas l'argent et la bonne mine des joueurs; on n'est pas honnête homme et brigand tout ensemble; il faut opter en ce bas monde ?.. L'enfer, pour un péché mortel ou pour cent, on va toujours rôtir avec le diable; nous n'y serons pas seuls!... La compagnie sera bonne, nous y aurons plus d'un prince... Le brigandage a son beau côté, et comme la vérité n'est pas une injure,... apaisez-vous ?

— Vous le prenez sur un ton...

— Plaisant, monseigneur; les choses de ce bas monde le sont, la vie comme la mort; c'est j'espère tout comprendre, soyons donc toujours joyeux!...

— Enfin quel est l'objet de votre mission ? dit Enguerry s'impatientant de l'air léger, de la figure doucement perfide et des retards de l'Italien.

— Une bagatelle pour vous.... comme pour moi à cet égard-là !... Il s'agirait (à ce mot l'Italien parla à voix basse), il s'agirait de s'emparer de la respectable personne de Jean II, roi de Chypre, et de celle de sa jolie fille Clotilde...Le conseil des Dix vient d'apprendre qu'ils sont réfugiés ici près. Or vous pensez bien, seigneur, qu'il est impossible à l'honorable république de laisser exister ces deux personnages, quand leur vie l'empêche d'être légitime souveraine de l'île de Chypre, qu'elle leur a prise l'année dernière. Concevez-vous, seigneur, ce que c'est que la légitimité *de droit et de fait des choses et des personnes?*

et, voyez-vous d'ici comment par un peu de poison, Venise, reine illégitime de Chypre, deviendra reine très-légitime, quand les Lusignans auront été voir leurs ancêtres? Au surplus, c'est leur rendre service ; ils iront droit en paradis, car j'ai pour eux un bref *in articulo mortis;* et l'absolution d'un digne cardinal pour vous et pour moi; je suis, vous le voyez, un homme de précaution.

— Vous raisonnez en vrai diable, maître l'Ange, répondit le Mécréant embarrassé des deux petits yeux verts de l'Italien qui le fixait avec obstination ; mais pour vous répondre avec votre encre, me direz-vous si dans le monde vous

trouverez, hors le tigre et vous,
un brigand qui fasse le mal pour le
plaisir de le faire?.. Par combien
de besans d'or, cet honnête Foscari appuie-t-il sa proposition et ses
raisonnemens?

— Ici, je me flatte, monseigneur,
que vous vous apercevrez que la
République est libérale et connaît
le tarif.... Que souhaitez-vous ?

— Cinq cent mille francs.

— Elle en donne le triple;
un million pour vous, le reste à
moi...

—Le Barbu !... cria le Mécréant
dont la figure se dilata.

— De plus, monseigneur, la République accorde un asile dans ses

États, et un excellent voilier pour fuir; il est à Marseille d'où je viens...

— Le Barbu!.. le Barbu! Ce dernier parut.

— Apporte-nous de ce bon vin d'Orléans que nous avons pris à ces coquins d'Anglais.

Le vin arriva bientôt.

— Buvons, M. Michel l'Ange, et montrez-moi vos cédules, reprit Enguerry avec un sourire diabolique.

Le digne Vénitien ne se fit pas prier, et il chercha dans sa ceinture.

— Cependant m'expliquerez-vous, mon ami, pourquoi votre République se sert de moi?

— Parce qu'elle a appris votre adresse et votre courage, et qu'elle ne voulait pas se mettre à découvert, en envoyant ses troupes assiéger Casin-Grandes. Tenez?... Alors l'Italien montra le billet du Doge, qui n'était acquittable qu'en plein conseil des Dix, et qui portait la mention expresse de la translation à Venise du prince détrôné et de sa fille...

— Buvons!.... Certes, dit Enguerry, vous êtes un admirable homme, M. l'Ange, et vous n'aurez pas affaire à un ingrat.. En vérité, je ne comprends pas que pour un million, il n'y ait que deux personnes à occir! Mais, j'ai un petit scrupule. Jean-sans-Peur ce brave duc de Bourgogne, que Dieu veuille avoir son âme ! professait un principe dont il ne s'écarta jamais quelle que fût son envie d'amasser ce métal précieux, qui nous rend honnêtes gens de scélérats que nous sommes; ce qui fut certes bien prouvé par le célèbre Jean Petit, honnête Cordelier aimant fort l'argent, et qui fit voir, moyennant bonne somme, comment le duc de Bourgogne eut raison de tuer le duc d'Orléans, et ce, sans crime aucun.... Or ce principe de mon cher maître, principe qui l'aida puissamment à consentir et ordonner même, une foule d'exécutions, que l'on a nommées assassinats, parce que le public ne comprend rien à la politique des grands, dont la seule différence avec nous c'est qu'ils sont criminels sans l'avouer....

— Et que nous l'avouons, monseigneur; mais votre principe de grâce?...

— Ce principe, continua le Mécréant en tâchant de percer l'enveloppe du cœur de l'Italien, est de n'attaquer personne sans cause.... Alors on n'est plus un brigand, on se venge, comprenez-vous?

— Oui....

— Or, l'envie de gagner loyalement un million ne suffit pas pour que j'aille tuer de braves gens, de plus souverains, que du reste, je me proposais bien d'aller visiter...

— J'admire, seigneur, répondit l'Italien avec le rire de Satan, votre philosophie profonde et votre philantropie : mais, nous avons de ces dilemmes diplomatiques qui rendent les hommes d'État bien rares, et qui sont tout le secret de la haute politique, qui consiste à s'emparer de tout ce qui nous convient. Moi qui vous parle, seigneur, je suis connu dans l'Europe pour cette espèce de talent; les papes me payent pension; plusieurs princes sont en marché de m'avoir; j'ai fait trois apologies à Charles-le-Mauvais et je suis l'auteur des manifestés de tous ceux qui se prétendent rois de Naples..... Or voici, continua le cauteleux Italien, ce que je vous propose..... Allez à Casin-Grandes?....

— Buvons un coup, interrompit Enguerry, car il y a un petit peu de chemin.

—- Votre vin est délicieux!.... Arrivé à Casin-Grandes, vous ne commettez aucun mal, et... vous demandez en mariage la belle Clotilde... On vous la refuse.

— Certainement ils auront cette indignité-là! s'écria le Mécréant.

—Tant mieux, sire chevalier; car alors vous vous mettez dans une colère furieuse, et vous jurez la mort de ceux qui vous outragent ; vous ravagez le château.

— Certes, je le ravagerai !...

— Oui.... Mais ceci demande d'autant plus de célérité, ajouta l'Italien en prenant un ton confidentiel pour dire son mensonge, que je vous apporte l'avis charitable que nous avons rencontré cent chevaliers bannerets et mille hommes d'armes cinglant vers la Provence, où Gaston, le fils du roi de Naples, leur a donné rendez-vous. Il a quitté la Palestine l'année dernière ; il s'est même trouvé à Chypre lors de la prise de Nicosie ; et c'est là, que son père lui envoya l'investiture de ce beau comté de Provence... Je ne crois pas qu'il vous laisse en repos : un asile et de l'argent, c'est ce qu'il vous faut au plus vite, et je vous offre tout cela !....

— Corbleu ! quoique j'aie l'un et l'autre ici, et que je défie cet amoureux transi, qui court après le parfait amour jusque dans l'Asie... et ce... sans le trouver... Le Mécréant s'arrêta, parut réfléchir, mais, serrant la main du Vénitien il s'écria : « Morbleu !... allons, tu es un brave garçon, Michel l'Ange !... »

— Je le sais certes bien !... et maint seigneur que j'ai délivré de ses ennemis ou de ses oncles trop riches, me l'a dit plus d'une fois ; surtout, lorsqu'il n'était pas vengé ; car après le paiement, ils sont aussi ingrats que des grands peuvent l'être...; mais, s'il leur arrive de me mépriser, je ne suis pas en reste avec eux !...

— Tu es aussi habile que Jean Petit, le cordelier! s'écria Enguerry consterné par la nouvelle du retour de Gaston II.

— Mais, monseigneur, c'est tout simple : nous autres gens à talent, nous jugeons le monde et la vie ce qu'ils valent. Quand on monte sur le pinacle, que l'on nomme *pouvoir*, on ne voit l'homme qu'en masse ! alors, qu'est-ce qu'un homme isolé, lorsqu'il s'agit de sauver les grands troupeaux que l'on nomme nations ? Par Saint Marc, le salut de l'État est une bien bonne raison ! et, j'en ai bien souvent profité pour l'acquit de ma conscience... comme le font les potentats qui sont des géans; ils écrasent les hommes, comme les hommes écrasent les fourmis en marchant.... et le plaisant, c'est qu'on se plaint !...

— Buvons un coup, maître l'Ange, et vivons bien ? j'ai grand'peur que nous ne mourions pas de maladie !....

— Seigneur, nous en comptons une de plus que le reste des hommes : on l'appelle *potence, jugement, corde*, car nos médecins varient... On se sert même du mot *gibet !*... Gibet, soit ! Être écrasé par un chêne, ou y mourir accroché, c'est tout un... il n'y a que la différence du public qui nous voit... et moi, j'ai toujours aimé la compagnie! aussi, j'ai préféré l'enfer où j'irai, joyeux comme durant ma vie. Après tout, nous sommes ici bas, aussi passagers qu'un éclair! une minute de plus, une minute de moins; être une comète désolante, ou une paisible étoile;... ce fut de tout temps l'histoire de chaque homme. Spartacus, Alexandre, Jean de Bourgogne, Viriate, Sylla, Procuste et autres brigands nos chefs de file, valent bien les bons bourgeois, qui se lèvent à huit heures et se couchent à neuf, à côté d'une femme qu'ils aiment et qui s'inquiète d'un péché véniel!

—Il me semble que nous blasphémons un tant-soit-peu ?... car enfin, la vertu....

— Eh, monseigneur, j'ai l'absolution. Ecoutez! nous autres savans, nous expliquons tout : vous ne vous doutez pas que vous servez la vertu? si les coquins comme nous n'existaient pas, comment saurait-on que cette vertu si rare existe !...

— Oh! oh!...

— Ma foi, monseigneur, j'ai la science du crime, je m'y adonne tout entier, je l'ai aimé dès le bas âge !... Hé quoi, le marchand trompe pour gagner son argent! le maltôtier ne prend-il pas la sueur des malheureux? le militaire n'assomme-t-il pas de pauvres malheureux à prix fixe, et moyennant mes dilemmes qu'il ignore ?.. Nous autres au moins, nous ne tuons que par-ci par-là... et nous gagnons bien notre argent en loyaux corsaires; corbleu vive la corde!...C'est la panacée universelle, elle guérit de tous les maux; ma foi, vogue la galère!..

— Vous avez raison, mon ami l'Ange; nous prenons l'état de brigand par instinct, et les autres prennent le leur au hasard!...

—Tout cela est bel et bon, monseigneur, mais revenons à notre sujet?

—Buvons donc, maître l'Ange?

—Nenni. Convenons de nos faits? Consentez-vous à servir la république?

—Je jure, s'écria le Mécréant en se levant, d'exterminer les Lusignans, moyennant un million cependant, dit-il en baissant le ton; je le jure par les mânes de Jean-sans-Peur, mon cher maître, honnête brigand s'il en fut... Mais il était couronné; je ne le suis pas, et si Jean-Petit l'accompagne, le cordelier est capable d'en imposer au Père éternel. Dites un peu un *De profundis* pour lui.

—Dix, si vous voulez, répliqua Michel l'Ange, car c'est très-utile à ceux qui ne sont plus rien!.... Quant à moi, monseigneur, je jure par le lion de S. Marc....

— Que jures-tu, mon ami?..

— Tout ce que vous voudrez.

Le Mécréant sentit la force de cette réponse et l'inutilité de faire jurer le Vénitien, alors il s'écria : « Buvons par là-dessus, mon cher l'Ange, » et Enguerry versa une ample rasade à son digne compagnon.

Le Mécréant en donnant si souvent à boire au Vénitien, avait de bonnes raisons : c'était de le faire expliquer sur certaines choses qui le tracassaient, *In vino veritas!*.... Mais, Michel l'Ange n'était pas un homme à qui l'on cachât une pensée, et il eut soin de boire à grands coups pour conserver son entendement. Feignant, quand Enguerry buvait, de lui exposer un raisonnement, il lui arrêtait le bras, de manière à ce qu'il fît trois coups d'une rasade, pendant que lui Michel, n'en faisait qu'une et laissait son verre à moitié plein.

L'on n'a jamais su quelle était l'intention de Michel l'Ange, en voulant enivrer le Mécréant; quant à ce dernier, il manifesta promptement la sienne, alors qu'il fut entre deux vins.

— Mon cher ami l'Ange, dit-il en tournant ses yeux brillans sur l'Italien, j'ai un certain doute que je vais t'exposer avec franchise, car je suis franc!... ah franc! comme un franc!... ton diable de Conseil des

Dix, avec sa clause d'acquittement, me chiffonne ; si l'on se servait de moi pour tirer les marrons du feu?... On ne lâche pas facilement un million!.. On pourrait fort bien m'envoyer au pont des Soupirs!... et toi t'en tirer!... tu m'entends, mon loyal ami?...

— Ah seigneur!..

— Mon ami l'Ange, ne m'appelle pas seigneur!.... je suis un franc vaurien comme toi! et mon comté!..

— Que dites-vous, monseigneur?

— Drôle!... je suis un brave soldat et pas plus ; mais quand on a cinq cents hommes d'armes, on est tout ce qu'on veut....

— Eh comment avez-vous fait ?

—Mon ami, buvez donc?...Voici comment : après avoir été lieutenant des ducs de Bourgogne, je devins celui du comte Enguerry... à la bataille d'Azincourt, il fut pris par les Anglais, je ne sais même pas si je n'y ai pas contribué !... Je sauvai sa compagnie et m'en vins par ici, me disant son frère... Dieu veuille qu'il reste en Angleterre le plus long-temps possible !.. C'est mon bienfaiteur, et je soigne ses domaines en véritable ami !..

— Ne craignez-vous pas ses parens ?.. — Le geste horizontal par lequel le Mécréant répondit, équivalait au *vixerunt* de l'orateur romain.

— Et vos soldats doivent savoir?.

— Rien. J'ai eu soin de les mettre, un à un, aux postes les plus dangereux, et... j'ai eu le malheur de les perdre !... *De profundis !* et il se signa... Vive Dieu ou le diable.

— Je suis pour le diable, observa l'Italien.

— Vive le diable donc !... Ceux que j'ai maintenant, sont de rudes coquins que j'ai choisis de tous les pays... Mais ce sénat, mon ami ? je disais que ce sénat....

— Le sénat est le sénat, répliqua l'adroit Vénitien.

— Je le sais morbleu bien; mais quelles sont vos précautions contre ce sénat ?..

— Les quinze cent mille francs sont en main-tierce.

— Et à qui la main-tierce est-elle dévouée ?

— A moi.

— A toi!.. s'écria le Mécréant, qui, malgré son ivresse, parut illuminé d'une soudaine lumière...

— Aimeriez-vous mieux que ce fût au sénat ?

— C'est bien... M. l'Ange, allons nous coucher ? je réfléchirai au mariage que vous me proposez.

— Mais ce n'est pas un mariage..

— Ah ! ce n'est pas un mariage... Tu me démens, double coquin ?... s'écria Enguerry tirant son épée.

L'Italien voyant la fureur du

Mécréant, répondit doucement :
« Mon cher hôte, allons nous coucher? »

—Mon ami... vous... avez raison. Nicol... le pendard !.. Le Barbu ? veux-je dire?... — Le Barbu parut.

— Conduis cet honnête garçon à la chambre rouge ? et, qu'on le respecte à l'égal de moi-même; il est tout aussi respectable, l'ambassadeur !... et il a de plus, tout l'esprit de Jean - Petit *de cordelière mémoire !...* — Ce vin d'Orléans est bon, pas vrai notre féal ?... Et il frappa rudement l'épaule de l'Italien cauteleux, très - occupé à réfléchir... — Il fallait que sa figure eût quelque chose de sinistre, car le brave soldat eut encore peur, en le conduisant.—Bientôt le calme le plus grand régna dans cette enceinte, et ces brigands dormirent tout aussi bien que les vertueux habitans de Casin-Grandes, dont la perte venait d'être jurée!... Qu'on dise maintenant que les criminels ont des remords!..,

CHAPITRE VI.

Voir ce qu'on aime, est un premier bonheur!
(*Poëme de Moïse sauvé.*)

Les manies sont aux vrais goûts que la nature nous a donnés, ce que les ifs taillés, les décorations de buis des jardins du 17e. siècle étaient à la beauté des champs et des forêts.
(MIRANDOL, VIe. Livre.)

Les grands croient être seuls parfaits, et sont jaloux de leurs prérogatives.
(LA BRUYÈRE.)

Qu'à ce monstre à l'instant l'âme soit arrachée,
Apaisons par sa mort et la terre et les cieux.
(RACINE, *Esther, acte III, scène VI.*)

On ne s'avoue que bien tard son amour.
(Le comte MAXIME ODIN.)

Depuis une heure le soleil dorait les tours de Casin-Grandes, et l'aurore trouva l'intendant montant éveiller sa fille, pour qu'elle fût prête au réveil de la princesse.

— Bien, mon enfant! lui dit l'avare en la voyant levée, il ne faut jamais être en retard auprès des princes ; ne manque pas d'arriver au coup de sifflet de la princesse : elle récompensera ton zèle.

— Ah! elle l'a déjà fait, répliqua l'imprudente Josette, en montrant une riche bourse.

— Donne, donne, mon enfant? s'écria Bombans en ouvrant de grands yeux et prenant un ton paternel, tu n'as pas besoin de cet argent!.. je le ferai valoir; et quant à la bourse? je la vendrai : elle est trop riche pour nous.

— O mon père ! laissez-la-moi ? c'est un souvenir !...

— Elle vaut vingt angelots ! et l'intendant la remit avec peine à sa fille.... *Je t'avais bien dit* que la princesse était généreuse.

— Et bonne, douce, point difficile à servir...

— Mais Josette, dis-moi, comment es-tu avec elle ?...

— Comme me voilà, mon père.

— Ce n'est pas cela. A-t-elle de l'amitié pour toi ? te rudoie-t-elle ? est-elle franche, confiante ?

— Mon père, nous sommes comme deux amies !...

— Bien, bien !... deviens sa favorite.... elle nous soutiendra contre l'envie.

— Vous parlez toujours de malheur ! que craignez-vous ? n'êtes-vous pas honnête homme ?

— Oui, répliqua l'intendant embarrassé, mais, tâche d'en convaincre la princesse ? les grands croient aussi difficilement le bien, qu'ils croient facilement le mal!... Surtout, ma fille, ne va pas me ruiner en habits somptueux : depuis quinze jours, tu as mis deux robes différentes ; nous ne sommes pas riches : je me suis ruiné au service du prince !... Allons, va dans l'antichambre de ta maîtresse.

La jolie Provençale sortit, et son

père fouilla toute la chambre, pour voir si Josette ne lui avait pas caché quelque ducaton, ayant également peur d'en trouver et de n'en trouver pas! La recherche fut inutile; aussi, s'en alla-t-il gronder les gens et les faire hâter....

Josette, en entrant chez la princesse, éveilla le farouche Castriot qui, couché en travers du seuil, dormait à la porte de la chambre de Clotilde. L'Albanais calculait sa reconnaissance : « En effet, se disait-il, que dois-je faire ? Empêcher la race de Lusignan de finir : or, on peut tuer le prince !.. c'est un très-grand malheur sans doute; mais le malheur serait irré-

parable, si la princesse mourait, puisque tout périt avec elle... » Clotilde, était donc l'objet de tous ses soins grossiers, mais empreints de la plus vive reconnaissance.....
Il avait soin d'ouvrir la porte des appartemens du prince; et alors il pouvait veiller en même temps sur le père et la fille, car la salle des gardes n'était séparée de l'anti-chambre de Clotilde, que par le péristyle d'un escalier tout en marbre.

— Allons, Castriot, levez-vous? s'écria Josette, il est temps que je vous remplace.

— C'est vous, belle enfant, dit l'Albanais en faisant une affreuse grimace, qu'il prenait pour un sourire;

et il s'en alla, en remettant son sabre dans le fourreau.

Les pas de l'Albanais fidèle éveillèrent Clotilde... Sa première pensée fut pour le beau Juif: au moins, c'est ce qu'on peut présumer d'après sa promptitude à sauter hors de son lit, pour courir à sa fenêtre... Sa jolie petite et blanche main entr'ouvrit bien légèrement les rideaux; et son tendre cœur agita le simple vêtement qui couvrait à peine deux trésors d'amour, quand elle aperçut les beaux yeux noirs du Juif appliqués à la croisée, avec une telle avidité qu'on aurait cru qu'il admirait Clotilde!.. Mais Nephtaly, voyant le soleil s'avancer dans les cieux, fit les mouvemens d'un homme qui songe à la retraite avec chagrin.

La princesse fut curieuse de voir comment il sortirait du péril inouï dans lequel il s'était engagé, pour savourer la vue de l'appartement habité par sa bienfaitrice.

En cet endroit, le pic de la Coquette avait la roideur perpendiculaire d'une muraille de soixante pieds de haut : peut-être l'ai-je déjà dit, mais pardonnez-moi cette répétition ?

Qu'on se figure donc, au milieu de ce mur bâti par la nature, c'est-à-dire à trente pieds du haut comme du bas, une pierre rocailleuse dont la saillie offre trois pieds de large.

Or, l'angle solide, que forme la

Coquette du côté de la mer, ayant la roideur de l'angle d'un bastion ; et, la falaise, qui longe la Méditerranée, étant beaucoup trop rapide, et trop dangereuse pour qu'on eût la pensée de s'y hasarder; il semblait, que Nepthaly n'avait pu parvenir à cette rocaille, que par le haut du pic; car, l'on doit se rappeler que le seul côté accessible de la Coquette, celui qui s'en allait en mourant vers la terre, lui était défendu puisqu'il faisait partie du parc. Aux premiers mouvemens, que le Juif osa se permettre sur un si petit espace, la princesse trembla de tous ses membres.

Ce dernier, ne sachant pas qu'il

est vu, saisit, de ses deux mains, une corde remplie de nœuds que Clotilde n'avait pas aperçue.... preuve que le beau Juif attirait toute son attention? Cette corde était fixée sur le piton de la montagne : tout-à-coup Nephtaly s'élance et posant, en forme d'arc-boutant, ses deux pieds sur le rocher, il se trouva horisontalement suspendu, par rapport au fossé, et parvint, en faisant manœuvrer ses pieds avec adresse, à gagner la première crevasse de la falaise. Bientôt la princesse, immobile de frayeur, le vit sur le haut du pic détacher sa corde et disparaître au milieu des aspérités, des pointes de rocher et de l'écume de la mer, qui blanchissait les crevasses en s'y glissant....

Il régna, dans tous ces mouvemens du beau Juif, une grâce dont la nature gratifie au hasard certains êtres. La force, l'élégance, l'adresse et toutes les beautés de Nephtaly, parurent aux yeux de la curieuse princesse, qui savourait l'espèce de plaisir que l'on éprouve à l'aspect des dangers d'autrui. Involontairement, sans doute, elle imitait les mouvemens de Nephtaly, et, lorsqu'il atteignit la plage, elle fit un cri de joie, auquel Josette accourut.

— Qu'avez-vous, mademoiselle?...

— Rien, rien, Josette..... répondit Clotilde, toute tremblante; je ne vous appelais pas, pourquoi donc êtes-vous entrée ?....

— J'ai cru vous entendre jeter un cri.... redoutant quelque malheur, je suis vite accourue.

En effet, Josette était émue, et l'inquiétude se peignait sur ses traits.

La princesse lui lança quelque petit sourire d'amitié, comme pour la remercier; mais je suis fâché d'avoir à dire, qu'il entra dans ce sourire quelque chose de trop distrait, pour ne pas dévoiler une méditation profonde.

Josette, trop habile pour ne pas le remarquer, respecta la rêverie de sa maîtresse, et fut ouvrir la fenêtre du côté de la mer; puis, elle en vint à celle qui donnait sur la Coquette : Ah !... s'écria-t-elle.

— Qu'avez-vous, dit Clotilde effrayée ?

— Ah ! madame, les belles fleurs !...

Clotilde, en un centième de seconde, fut auprès de Josette. Elle vit sur la fenêtre, des fleurs tout récemment cueillies, elles contenaient même encore des gouttes de rosée, semblables à des perles orientales... ces fleurs sentirent très-bon pour la jeune Provençale ; mais pour la fille des Lusignan, ce lui fut un parfum céleste!.. Les fleurs annonçaient une pensée dominante par leur gracieuse simplicité, et la disposition de leurs couleurs.... Clotilde, craignant de la comprendre, osait à peine les regarder.

—Madame ?... A ce mot, Josette s'arrêta, car, se tournant vers sa maîtresse pensive, elle lui trouva une expression qui n'avait jamais animé sa belle figure ; alors la Provençale se mit aussi à réfléchir. Néanmoins, comme il serait peu convenable que deux jeunes filles restassent plus de dix minutes sans parler, Josette se hâta de sauver l'honneur du sexe.

— Madame, répéta-t-elle, que faut-il faire de ces fleurs ?...

—Comment sont-elles venues?... s'écria Clotilde. Et la princesse prenant, par un mouvement machinal, une rose d'églantier, en savoura l'odeur fugitive avec une espèce d'avidité....

—Madame désire les conserver? demanda Josette en voyant l'action de sa maîtresse. Cette observation fit naître sur les joues de Clotilde l'incarnat de la honte; elle aperçut rapidement les conséquences de la conservation de ces fleurs, et s'écria: « Vous pouvez les jeter.»

— Oh! madame, c'est dommage!.. et néanmoins, la soubrette d'un coup de main les fit voler vers la terre. D'après le mouvement que Clotilde laissa échapper, la soubrette put conclure que c'était un grand sacrifice pour la princesse, et cependant Clotilde lui dit :

—Josette, nous avons eu raison de les ôter ! regardez ? elles se sont effeuillées en chemin !.. Puisse l'espérance se dissiper ainsi... le sylphe n'en apportera plus !...

Après ces paroles qui tombèrent une à une, Clotilde s'habilla dans le plus grand silence, elle prit son ouvrage de tapisserie, Josette le sien, et, de temps en temps, elles regardèrent la fenêtre . . . .

* * * * *

Au-dessous de la salle des gardes, se trouvait une vaste galerie voûtée et garnie des petites colonnes assemblées qui distinguent l'ordre gothique; une de ses portes de forme ogive, donnait sur la plate-forme large de près de cinquante pieds, qui séparait le château des vagues mugissantes; et l'autre porte offrait une sortie sous le péristyle de l'escalier de marbre qui menait aux appartemens du prince... Cette salle, messieurs du centre, était la salle à manger... Salut... trois fois salut !... En ce moment, les trois ministres finissant de déjeuner, quittaient une table ornée de plusieurs pièces d'argenterie massive, et ils achevaient une conversation très-sérieuse, avant de livrer cette salle à l'appétit des officiers de seconde classe, pour le service desquels on retirait les pièces d'argenterie.

—Enfin; monsieur le connétable, disait Monestan, de quoi pourrons-nous entretenir le roi ?.. Le conseil d'aujourd'hui sera sans intérêt! Depuis deux mois que nous sommes à Casin-Grandes, nous avons tout expédié : notes secrètes à nos émissaires, instructions à nos partisans, envois d'argent, affaires intérieures et extérieures... tout est épuisé.

—Il est vrai que la cavalerie et les armées ne peuvent pas nous fournir de grands sujets de conseil... Nous n'en avons plus! A ce mot le grand Kéfalein poussa un soupir de regret.

—Et, continua Monestan, nous ne recevons aucune réponse de nos envoyés dans toutes les cours de l'Europe !..

— Est-ce que vous pensez que Venise les aura laissé parvenir? dit l'évêque en haussant les épaules.

— Que va donc devenir le roi? s'écria Kéfalein.

— On pourrait, reprit le prélat, lui forger une dépêche fort importante.

— Oh! monsieur, dit Monestan, faire un mensonge, et se jouer du prince!..

— M. le comte, répondit Hilarion, on ignore le mot de mensonge dans la haute politique; et du reste, si le prince s'en aperçoit, nous ferons pendre le courrier qui sera censé apporter la dépêche.

— Il est écrit : *tu ne mentiras*

point!... s'écria le pieux ministre.

—Cependant monsieur le comte, répliqua l'évêque, tous les jours un général invente un stratagème pour battre l'ennemi : il envoie de prétendus espions qui se laissent prendre, et qui, pour avoir leur grâce, font de faux rapports sur le nombre, etc. Notre ennemi, c'est l'ennui du prince, et pour tuer le temps, on peut bien...

— Grand dieu ! se permettre une chose indigne de la majesté du souverain !.. interrompit le premier ministre ; pour qui prenez-vous le roi Jean II ? C'est de nous tous, le plus sage, le plus religieux, et le plus politique...

— Au reste, reprit l'évêque en affectant un air de mépris pour le ministre, une affaire importante est bientôt trouvée. Ne peut-on pas concerter le plan à suivre pour reprendre l'île de Chypre ? mais... le prince a la manie de l'initiative ! il veut toujours avoir parlé le premier des choses et les proposer !...

— Vous pensez juste, monsieur; répondit Monestan, n'ayant plus rien qui s'applique au présent, il faudrait pouvoir s'occuper de l'avenir; et faire voir au prince les abus qu'il devra détruire en rentrant dans son royaume.

— Mais nous nous occuperons d'abord des moyens de reprendre

ce royaume ?... s'écria l'évêque....

— Soit, dit Monestan ; je conviens que c'est le plus essentiel : et après, la religion sera...

— Messieurs, interrompit Kéfalein, je vous laisserai tenir le conseil sans moi: tirez-vous de cette difficulté, vous avez plus de talent que moi pour les discussions; mais s'il s'agissait d'une charge de cavalerie comme celle que je fis à Edesse !.. Ah! quel combat messieurs.... Il allait entamer le récit de la bataille où il fut fait connétable et où il sauva l'État, quand il aperçut Castriot, aussitôt il courut vers l'Albanais.

— Je crois, dit l'évêque avec un sourire et un geste contempteur, qu'il ne nous serait pas grandement utile... ce pauvre général !... *quid nobis ?*

—J'avoue, monsieur, que le connétable n'est un aigle, mais l'Éternel a ses raisons en distribuant aux hommes leurs divers talens, et Kéfalein est brave, il a sauvé l'État.

— Il vous l'a bien assez répété pour que vous le sachiez !....

— M. l'évêque, la religion nous ordonne de souffrir les défauts des autres, parce que nous en avons tous; et que sans cette tolérance, l'amour fraternel qu'elle recommande n'existerait plus... Si vous n'estimez que les grands capitaines;

Kéfalein, n'estime que ceux qui montent à cheval; Trousse, ceux qui se portent bien et ne pensent pas; Bombans, ne juge un homme que sur sa richesse, et que de gens comme lui !.. chacun sa marotte !.. l'indulgence est une des premières vertus du vrai chrétien !...

Kéfalein et Castriot sortirent ensemble, accompagnés des quinze chevaux que le connétable exerçait : il avait le chagrin de n'avoir pu trouver que dix personnes en état de les monter; aussi, s'occupait-il à faire des recrues dans le domaine !...

Le chef et le soldat cheminèrent quelque temps sans rien dire; seulement, le connétable retournait sa petite tête longue pour examiner comment ses néophytes équestres s'en tiraient...

Enfin Castriot, comprenant que le devoir lui dictait au moins une interrogation risqua la suivante :

— Monseigneur, une difficulté m'a toujours occupé; lorsqu'on fait une charge de cavalerie, doit-on tenir son sabre en l'air ou en ligne droite ?

—Castriot, c'est une grave question! répondit le joyeux connétable, en arrêtant Vol-au-vent. Si tous les gouvernemens avaient des hommes exercés comme toi dans l'art de se servir du sabre des Turcomans, on devrait le tenir sans cesse prêt à décrire une courbe rapide; mais remarque que l'objet de la cavalerie n'est pas précisément de tuer les soldats ennemis, elle les dissipe; voilà pourquoi les charges de cavalerie décident le succès d'une bataille, comme à celle d'Edesse, où je sauvai l'État par une charge brillante, que je vais te représenter :... Ici,... continua Kéfalein, en montrant un champ de blé; ici se trouvaient les bataillons ennemis presque entamés; et dans cette position-là (il indiquait un champ d'avoine) nos soldats les attaquaient avec courage. L'ennemi pressé tente un dernier effort, et fond sur les nôtres; à cette furieuse irruption nos soldats étonnés s'enfuient....

— C'étaient des lâches ! interrompit Castriot en colère.

— Soit : mais posté depuis long-temps à un millier de pas avec ma cavalerie, je me disposais à donner ; lorsqu'un vieux soudard, qui, par parenthèse, fut tué, me dit : « Monseigneur, ils ne sont pas encore assez en désordre, vous risqueriez d'être abîmé.. » Je suivis ce conseil, et lorsque leurs rangs commencèrent à se rompre je fondis...

A ce mot Kéfalein pressant les flancs de son cheval, Vol-au-vent partit au grand galop ; les autres chevaux suivirent cette impulsion par instinct en cherchant à se devancer ; de manière que, lorsque le connétable se trouva dans le champ de blé, il aperçut, sept de ses cavaliers sur dix, étendus par terre et criant comme des aveugles sans bâton.

—Cette manœuvre sauva l'État, dit-il tristement à Castriot, le seul homme qui fût à ses côtés. Comment, belîtres, s'écria-t-il quand les maladroits revinrent chercher leurs chevaux, après douze leçons vous vous laissez désarçonner?... Jamais, non jamais, le Roi n'aura de cavalerie dans ce maudit pays!..

— Coquins!.. continua Castriot, vous devez savoir monter à cheval puisque monseigneur le veut ! sachez-le demain? ou sinon!.. Il leur fit une affreuse menace avec son sabre.

— Il faut convenir, cependant, qu'un bon cavalier est une chose rare, répondit le connétable en ramenant vers la tête de son cheval, ses deux longues jambes en fuseau, qui lui donnaient l'air d'une paire de pincettes; et il força son beau cheval arabe à caracoler. Après cette manœuvre, il regarda ses gens avec l'air de supériorité d'un acteur qui rentre dans la coulisse, au bruit des applaudissemens.

Les cavaliers honteux, remontèrent en silence sur leurs chevaux, et l'escadron continua sa route à travers les domaines..............

Pendant ce temps-là, les deux

ministres, fort embarrassés de ce qu'ils allaient dire à leur souverain, traversaient le péristyle : au bruit de leurs pas la garde du prince, c'est-à-dire, trois Cypriotes qui jouaient aux dés, saisirent leurs hallebardes et prirent une position semi-militaire. Les deux ministres entrèrent au salon, en se dirigeant vers le cabinet royal, lorsque le docteur Trousse, une verge d'ébène à la main, les arrêta.

— Messeigneurs, le Roi n'est pas encore visible.

— Serait-il indisposé, maître Trousse? demanda Monestan.

— Un Roi sans royaume se trouve toujours malade, monseigneur;

moi, je prétends qu'il ne s'en porte que mieux. Mais vous, messeigneurs, votre santé doit toujours être chancelante, car les affaires de l'Etat emportent une somme considérable de vos idées, et plus nous en perdons, plus la maladie a de prise sur nous. *Moi*, vous le savez, je crois que les nerfs sont la cause immédiate de nos douleurs; et les nerfs, visibles ou invisibles, étant les agens immédiats de la pensée ; la pensée, les détériore et cause nos maladies et notre mort. Nos pères qui pensaient peu, se portaient bien; et de nos jours, les maladies augmentent avec les sciences!... Ah! les médecins dans quatre cents ans auront de la besogne !... *moi*...

A ce mot favori du docteur-huissier, un léger bruit se fit entendre dans le cabinet, il y transporta sa ronde et lourde petite machine, en pensant le moins possible.

— Sire, dit-il, vos ministres se présentent pour avoir l'honneur...

— Vous pouvez faire entrer.

— Messieurs, répéta Trousse en s'inclinant, le roi m'a dit : « Vous pouvez faire entrer.»Trousse se tapit respectueusement contre la porte, en criant d'une voix clairette :«M. le comte de Monestan et M. l'évêque de Nicosie. »— On pourrait croire, d'après la fidélité avec laquelle

Trousse rendait les paroles du roi, qu'il avait lu Homère !...

Monestan seul, salua profondément Jean II, qui était assis dans un fauteuil de bois doré, près d'une table ronde couverte d'une étoffe verte et de papiers.—L'évêque entra d'un air très-cavalier.

— Sire, nous attendons vos ordres ? dit Monestan.

— Messieurs, je vous permets de vous asseoir à cause de votre grand âge...

Ces paroles, depuis trois ans, servaient de prélude à toute espèce de conseil. — Un assez long silence suivit cet ordre, et les deux ministres se regardèrent, comme pour se demander : Qu'allons-nous faire?..

— Eh bien! messieurs, dit le prince avec le geste d'un homme accablé de travail, de quoi s'agit-il aujourd'hui?...

— Sire, répliqua l'évêque qui ne doutait de rien, parce qu'il se croyait la plus forte tête du conseil ; nous pourrions nous occuper de la marche à suivre pour reconquérir l'île de Chypre?...

— En avons-nous déjà parlé ? reprit fièrement le monarque aveugle, en se retournant plus loin que l'endroit où se trouvait le prélat ; c'est à nous seuls à juger quand et comment il conviendra de le faire...

— Si je proposais cette chose,

c'est que je présumais, d'après quelques paroles de monseigneur, que tel était son dessein.

— Ce fut toujours le nôtre! reprit Jean II avec orgueil; mais nous ne pensons pas qu'il soit temps.

— Vous avez raison, monseigneur, ajouta Monestan.... Avant-hier, sire, à l'occasion de votre ambassade au Très-Saint Père, n'avez-vous pas parlé d'envoyer l'un de nous à Venise, afin de...

— Nous y renonçons : répliqua le monarque fâché de ce simulacre de conseil, et de ce qu'on n'attendait pas ses ordres.

— Monseigneur a-t-il appris que le comte Enguerry-le Mécréant s'est approché jusqu'à Montyrat ? demanda l'évêque.

— Croyez-vous que nous ignorions quelque chose ? nous le savons !...

— Hé bien! sire, n'est-ce pas un grand sujet ?.. continua Hilarion.

—Oui.... interrompit le monarque avec colère, c'est sur ce dangereux voisinage que nous voulions attirer votre attention: mais, ne pensez pas, messieurs, nous persuader que nous régnons encore; à chaque instant, les circonstances nous le rappellent assez énergiquement; néanmoins, il nous semble que le caractère indélébile que nous portons, réclame toujours un peu de respect?

et, nous saurons, dans notre adversité, conserver une plus grande pruderie de royauté, que si nous étions à Nicosie. Ne croyez donc pas qu'il nous faille chaque jour un conseil? désormais, nous vous manderons, lorsque les secrets de l'État nous feront désirer de consulter votre expérience.

L'évêque voulut dire un mot.
— Paix!... s'écria le roi.

— Sire, reprit Monestan, vous connaissez notre dévouement; jamais nous n'avons eu l'intention d'ajouter aux peines de votre exil...

— Nous vous rendons justice; et Jean II serra la main de son vieil ami.

— Sire, je ne suis pas seul ici!... s'écria Monestan. Le roi se leva, fut à l'évêque, et lui dit : « Nous vous avons accordé les honneurs de la fidélité, en vous amenant dans cette retraite; cette distinction vaut plus que vous ne pensez, quoique l'on ne croie pas à l'amitié des rois. — Le vieillard croisa sa dalmatique, revint à sa place avec une dignité que sa cécité rendait touchante, et les deux rivaux furent attendris de la bonté de leur souverain.

— Monestan, dit le monarque, quelle est votre opinion sur les mesures à prendre contre Enguerry?..

— Sire, je pense qu'il n'est pas digne de la majesté d'un roi de

Chypre et de Jérusalem, d'aller au-devant d'un tel brigand ; s'il a cinq cents hommes d'armes, vous avez ici deux cents personnes qui mourraient pour vous, si le château de vos ancêtres n'était pas inexpugnable ! — Le vieux roi tressaillit.

— Et vous Hilarion ? dit-il tout ému.

— Monseigneur, je crois au contraire, qu'il serait important de vous concilier le cœur de ce compagnon valeureux de Jean-Sans-Peur. Il est grand capitaine, et ses invincibles soldats seraient un commencement *des trente mille hommes* ,.

— En nous associant à un tel

homme, interrompit le ministre, nous perdrions notre dignité aux yeux des habitans de ce pays, qui attendent avec impatience l'arrivée du prince Gaston II, pour en être délivrés, et du reste, sa troupe pervertirait l'enfer!..

— M. le comte, reprit l'évêque, dans l'état actuel de la France, un rebelle heureux, quand il a cinq cents hommes d'armes, et un château-fort imprenable, n'est jamais en danger; il partage ses trésors avec le prince, quand il est lâche; et quand il est brave, il lasse sa patience...

— Le connétable est donc absent?.. demanda le Roi.

— Oui, sire...

— Il faut donc attendre son retour, puisque vous êtes d'opinion différente... Il se fit un moment de silence. Nous avons, reprit le roi, dont la figure exprimait le contentement; nous avons à vous entretenir d'une chose beaucoup plus importante...

Les deux ministres se regardèrent et prêtèrent une oreille attentive.

— Notre bien-aimée fille arrive à l'âge où l'on se marie, et sa beauté, ses droits au trône, peuvent nous procurer un allié puissant; mais, le généreux chevalier qui nous sauva la vie, quand les Vénitiens envahissaient notre palais, nous dit en nous conduisant au vaisseau qu'il nous procura : « Vous avez une fille ! » Alors son émotion nous prouva qu'il avait vu Clotilde ; et ces mots semblent annoncer que son bienfait ne sera pas gratuit...

— Ah sire, ne l'accusez pas d'un tel calcul, le *Chevalier Noir* est trop brave pour être déloyal !..

— Nous ne l'accusons ni ne nous en plaignons, reprit le prince ; ce serait s'emporter contre l'arbre qui nous écrase ! mais il n'est point venu réclamer Clotilde, et nous pouvons, je crois....

A ces paroles un grand bruit de chevaux se fit entendre dans la cour et le roi s'arrêta.

— Quel est ce tumulte ?... demanda-t-il.

Monestan s'avança vers la croisée. — Le connétable amène un jeune pâtre garrotté, répondit le ministre; nous allons être instruits.

En effet Kéfalein sachant l'embarras de ses collégues, apportait la matière d'une discussion.

— Sire, dit-il, en entrant avec le jeune pâtre contenu par Castriot; nous venons de saisir ce braconnier, assez audacieux pour poursuivre un chevreuil jusque dans le parc et le tirer: il est, du reste, très-bon archer.

— Connétable, répondit le roi d'un air sévère, nous ne vous avons pas fait appeler ! oublierez-vous toujours les choses les plus ordinaires ? retirez-vous ?..... Jean prit son sifflet et Trousse parut au son de l'instrument.

— Maître Trousse, sur quel ordre avez-vous laissé pénétrer le connétable ?....

— *Moi*, sire, j'étais occupé à démontrer que les cordes trop serrées, allaient faire périr le coupable, car ses nerfs se trouvaient tellement attaqués que sans *moi*.....

Le monarque interrompit Trousse, en permettant au connétable de reprendre sa place. Jean II, malgré son désir de conserver sa dignité, tout en satisfaisant le plaisir qu'il trouvait à tenir ses conseils ; manifesta cette fois, sa joie, à l'aspect de ce surcroît de besogne.

Le beau pâtre était debout; sa figure ronde et spirituelle n'annonçait pas la crainte; et son œil furtif semblait chercher une autre personne. La hardiesse du jeune criminel indisposa l'évêque.

— Est-il vrai, lui dit le roi, que vous ayez commis le crime dont on vous accuse ?...

—Oui, monseigneur, répondit-il avec franchise.

— En ce cas, il mérite la mort, s'écria l'évêque.

— C'est juste, dit Kéfalein en levant sa petite tête oblongue.

A ces mots Monestan pâlit et répliqua : « Sire, vous m'avez toujours vu frémir à l'idée de la destruction d'un être, tel chétif qu'il fût : mais ici, quelle cruauté l'on exercerait en faisant mourir un homme pour un plat de gibier ! La religion de Jésus défend une telle doctrine ; elle met la vie d'un homme à un plus haut prix, que celui d'une perdrix.

Kéfalein s'écria : c'est vrai !....

— Sire, reprit l'évêque, il convient d'imprimer à ces misérables l'idée de votre puissance ; trop de bonté nuit aux princes !...

— Que pensez-vous monsieur le connétable ? demanda le prince.

— M. l'évêque a raison, répondit-il.

— Hé quoi ! répliqua Monestan,

n'est-il aucune circonstance atténuante ? Si c'était pour soutenir son vieux père, qu'il ait chassé ce chevreuil ? cette légère faute deviendrait une belle œuvre. Sire, lorsqu'un homme arrive à vingt ans, la nature a décrété qu'il vivra ; et l'homme ne doit pas s'opposer à l'Éternel...

—C'est vrai, je me range à l'avis de M. le comte, ajouta Kéfalein.

—Si l'on tue aujourd'hui les chevreuils du parc sans être puni, demain que n'oseront-ils pas ? observa le vindicatif prélat.

— Alors il faut le pendre pour assurer notre tranquillité, dit le connétable.

—Sans l'entendre, répliqua Monestan.

— Entendons-le pour la forme? répondit le sage Kéfalein.

— Parle donc ? s'écria Castriot, qui crut que le geste de son souverain signifiait de frapper rudement le beau chevrier. Ce dernier se retourna brusquement, mais il réprima son mouvement d'indignation trop vite pour que l'on s'en aperçût.

— Par quel motif avez-vous tué ce chevreuil ? lui demanda le roi.

— Sire, répondit le jeune pâtre en souriant, un chevalier vient d'aborder à l'instant dans les rescifs, il mourait de faim et je n'ai pu résister à sa prière.

— Quel est ce chevalier ?

— Je l'ignore. Il a grand soin de dérober sa figure aux regards ; la visière de son casque est baissée ; ses armes sont d'un acier bruni ; la barque et le vaisseau qui l'ont amené, portaient le pavillon anglais ; ils disparurent dès qu'il fut sur la plage.

— *Serait-ce mon bienfaiteur?* murmura le prince.

— Frivole excuse! dit l'évêque ; les lois veulent la mort de ce jeune rebelle, les lois sont au-dessus de tout, et Dieu, monsieur le comte, exécute celles qu'il s'est tracées !...

— Je suis de cet avis, observa Kéfalein.

Monestan, gémissant de voir ce jeune homme périr pour si peu de chose, essaya de ramener Kéfalein à son opinion, en lui disant :

— Monsieur le connétable, on pourrait faire de ce jeune pâtre un très-bon cavalier.

L'évêque, prenant un malin plaisir à l'emporter sur Monestan, l'interrompit : « Monsieur le comte, s'écria-t-il, ce serait compromettre notre sûreté en l'admettant... »

— Ce n'est pas à nous à prononcer un arrêt, interrompit à son tour le roi qui se retira tout pensif dans son appartement.

Le pâtre fut donc condamné : les ministres s'en allèrent, en causant de l'émotion que le roi avait manifestée lorsque le pâtre dépeignit le chevalier.

Le chevrier fut remis entre les mains du docteur Trousse, qui le conduisit à la loge de Marie, en se promettant bien de le disséquer, afin de prouver son système aux incrédules ; et il eut la bonhomie de le dire au prisonnier.

—Allons, Marie, levez-vous? et faites place à ce condamné?

La folle grogna comme un jeune chien.

— C'est un de tes malades qui ressuscite, Trousse mon ami? Je n'en veux pas chez moi, ma réputation en souffrirait !...

— Tes nerfs seront donc toujours attaqués !...

— Aussi long-temps que ton cerveau, docteur du diable ; rends-moi mon fils ?

— Mais *moi !*....

— Mon ami., dit l'Innocente au jeune pâtre, je plains ta mère !..

Aussitôt le jeune pâtre incarcéré, Trousse s'en fut au plus vite à son poste.

L'Innocente resta près de la grille. « Mon enfant, dit-elle au captif, personne ne te consolera !... si j'avais la clef je te délivrerais ?.. mais tu es un scélérat... ils me batteraient !... et puis, mon fils ne reviendra jamais de dessous terre !...»

— Madame, dit le pâtre, si vous pouvez me faire parler à l'intendant.... — Elle se mit à rire. — Cela me sauverait peut-être. — Elle rit encore plus fort.

Le jeune homme voyant l'inutilité de sa demande, ne dit plus rien ; mais l'Innocente n'en resta pas moins assise sur une pierre, à côté de la grille...

Heureusement pour le condamné, sur le soir, Bombans arriva suivi d'un aide de cuisine qui portait le dernier repas du chevrier.

— Êtes-vous l'intendant du château ? demanda le captif.

— Oui, pour le moment....

— J'ai besoin de vous parler, re-

prit le chevrier en faisant sonner
de l'or.

— Va-t-en drôle, dit l'intendant au petit marmiton.

— De quoi s'agit-il ? continua Bombans qui pensa que le condamné voulait racheter sa vie, ainsi que les lois de ce temps-là le permettaient.

—Il s'agit, s'écria le pâtre en saisissant l'intendant par son vieil habit, il s'agit de me délivrer !...

L'intendant resta immobile parce qu'il prévit que sa résistance lui coûterait un habit; il s'y opérait déjà certains craquemens qui l'inquiétaient fort; il se contenta donc de crier au secours !...

Mais le chevrier lui glissa son poing si fort à propos dans la bouche, que force fut à Bombans de se taire : Economie de parole !..... dut-il penser !....

— Si tu ne te sers pas de la princesse Clotilde pour obtenir ma grâce, je déclare au roi Jean, avant de mourir, que tu as pour cent mille francs de biens dans les terres de monseigneur Gaston II.

— Tout le monde le sait donc ? s'écria l'intendant pétrifié.

—Vilain cancre! dit la folle en riant aux éclats et montrant à Bombans une basque qu'elle avait détachée de son habit en en mordant l'étoffe....

— Je suis ruiné !... cria Bombans, un habit de trois marcs !

— La même corde nous servira, maître Hercule, ajouta le chevrier.

A cette sage réflexion du malin pâtre, Bombans fit un signe de consentement, non pas à la pendaison, mais à la précédente proposition du captif.

— Songe toujours que ma mort sera la tienne !... lui cria ce dernier en le voyant se diriger vers la cour des appartemens royaux. — Bombans obtint de sa fille qu'elle parlât sur-le-champ à la princesse. Aussitôt Clotilde se rendit chez Jean II, qui se laissa séduire par sa fille chérie ; mais, il lui déclara que cette grâce serait la dernière qu'il accorderait à sa prière, en ajoutant qu'il n'entendait pas qu'elle se mêlât des affaires de l'État.

Rentrée chez elle, la princesse attendit avec assez d'impatience que Josette en fût sortie... : à peine la jeune Provençale eut-elle fermé la porte, en jetant un dernier coup d'œil à cette fenêtre que la princesse avait regardée toute la journée, que Clotilde courut en entr'ouvrir les rideaux ; elle revit le beau Juif déjà placé sur sa rocaille. La lune étant couverte d'un nuage, il cherchait vainement à distinguer, si ses fleurs ornaient la fenêtre de sa bienfaitrice ; la princesse attentive devina cette pensée et fut touchée de compassion, lorsqu'un faible rayon de lune perçant le nuage, fit voir à Nephtaly ses fleurs gisant à terre. Il regarda douloureusement la fenêtre, des larmes sillonnèrent son beau visage, et le chemin qu'elles y laissèrent fut brillanté par les doux feux de Diane.

Clotilde voudrait bien ouvrir la fenêtre, sans être aperçue, afin d'être plus rapprochée du Juif.....; un verre est bien peu de chose! dira-t-on, mais encore c'est un obstacle, et ceux qui ont aimé comprendront pourquoi la princesse était gênée par cette importune croisée! Elle parvint à l'ouvrir sans bruit aucun; et elle étendit légèrement le rideau sur tout l'espace de la fenêtre, en s'y ménageant une place pour son œil... Alors elle respire avec délices l'air qui s'engouffre, en pensant que cet élément vient d'effleurer le corps de son protégé. L'air est un messager fidèle ; cet air est le même qu'aspire Nephtaly ; enfin l'air ne les sépare point ; tout à coup l'air modulé transmit les paroles suivantes, prononcées avec l'accent de la plainte.

— Dieu n'écoute pas toujours nos prières, il en faut beaucoup pour le fléchir!.. La croisée fermée, Clotilde aurait-elle reconnu l'organe enchanteur de Nephtaly ? Ces paroles, pleines d'une mélancolie gracieuse, remplirent l'âme de Clotilde d'une volupté suave comme l'odeur de la rose du matin.... Le calme de la nuit répandait un grand charme sur ce religieux et muet hommage de l'Israélite ; et ce culte de la reconnaissance émut tellement la jeune fille, qu'elle aperçut, à l'oscillation de son sein, le danger qu'elle courait à cette douce contemplation.... Elle eut la force de se réfugier dans son lit ; elle ne le gagna qu'à pas lents !...

Il est, entre la veille et le sommeil, un état mixte où notre âme réfléchit encore, mais nos pensées pâles et comme fantastiques n'offrent, pour ainsi dire, que l'ombre des pensées; ce fut pendant cette rêverie vaporeuse que Clotilde examina quel sentiment elle portait au beau Juif......

« Je le protège !.... se disait-elle,
» il est reconnaissant... S'il vient
» toujours, je serai contente !... ce
» bonheur me suffira... Car je ne
» puis l'aimer !... Cependant, qui
» pourrait savoir le secret de mon
» cœur?... personne.... » Elle s'endormit néanmoins, sans convenir avec elle-même, qu'elle aimât le beau Juif.

Le lendemain, un faible souvenir de cette pensée fugitive s'offrit à Clotilde, elle s'en indigna, elle courut à sa croisée, et... l'Israélite à genoux frappa ses regards ; sa contenance semblait dire : « Je ne veux que de l'espoir... Ne tuez pas mon bonheur !... grâce !.. » — « Le courroux de la jeune fille se dissipa comme un nuage fugace. Aussitôt Nephtaly retiré, Clotilde ouvre elle-même la fenêtre, y voit des fleurs nouvelles ; en respire l'odeur délicieuse, les touche, et les jette, afin que Josette ne les aperçoive pas. — « Nous verrons s'il aura de la constance !.. » — se dit-elle. Et, sans achever, elle se remit au lit en sifflant Josette... La curieuse Provençale accourut et ne manqua pas d'ouvrir la fenêtre de la Coquette la première.

—Madame, il n'y a plus de fleurs

aujourd'hui!... s'écria la suivante.

— Probablement ce sont des oiseaux qui les apportèrent hier pour commencer leur nid.

Josette fit un sourire d'incrédulité, sans cependant concevoir pourquoi, s'il s'en trouva la veille, il ne s'en trouvait plus le lendemain ; elle douta par instinct...

A ce moment le jeune chevrier fit réclamer, par Bombans, la faveur de remercier la princesse.

— Madame, dit le pâtre avec des manières et un son de voix qui n'annonçaient pas la rusticité d'un vilain du quinzième siècle, qu'il me soit permis de vous témoigner ma reconnaissance!... Il s'arrêta presque interdit de la beauté de Clotilde;

cet embarras est la louange qui flatte le plus; aussi la princesse sourit.

—Madame je vous souhaite, continua t-il, le seul théâtre digne de vos charmes, une cour brillante. J'ai vu celles de l'Europe!... partout, je vous assure, vous auriez la palme de la beauté. Adieu madame. *Raoul* cherchera quelque jour à s'acquitter : puisse l'occasion se présenter bientôt!...

— Ne m'aviez-vous pas dit que c'était un chevrier ?

— Oui, madame !..

— *Raoul!* s'écria la princesse pensive, quel est ce nom!........

****

Pendant six jours le beau Juif ne

cessa de venir, chaque soir, contempler la croisée de Clotilde, et chaque matin, les fleurs les plus belles et les plus rares l'embellirent ; chaque matin, elles furent jetées sans aucune pitié...

Le soir du sixième jour, Nephtaly les voyant encore dédaignées, chanta la romance suivante, au moment où Clotilde allait s'endormir, après avoir contemplé le juif pendant deux heures entières, en croyant toujours ne le regarder qu'un moment.

Je me fais un devoir de copier cette romance telle qu'elle est dans les manuscrits des Camaldules, sans chercher à la rajeunir; c'est une des plus fameuses chansons d'un spirituel troubadour de Provence.

> Ie ne fay rien que requérir,
> Sans acquérir
> L'aueu d'amoureuse liesse,
> Las !... ma maytresse,
> Dictes quand est-ce
> Qu'il nous plaira me secourir ;
> Ne fay rien que le requérir.
>
> Vostre beaulté qu'on uoit flourir,
> Me fayet mourir :
> Ainsy j'ayme ce qui me blesse ;
> C'est grand' simplesse,
> Mais grand' liesse,
> Pourueu que me ueuillez guarir.
> Ie ne fay rien que requérir.

La pureté du chant de Nephtaly, la douce mélancolie de l'air, la naïveté des paroles, le murmure gracieux de sa voix flexible et les accords de son luth, plongèrent la princesse dans une extase ravissante. Le beau Juif avait cessé, que Clotilde crut entendre errer dans les airs des restes de cette mélodie enchanteresse... Au tendre refrain de l'Israélite, elle se reprocha sa cruauté, et résolut de ne plus jeter les fleurs...

— Mais à quoi cela servira-t-il..? se dit-elle, à lui donner de l'espoir... Que d'idées ce mot entraîne à sa suite...! Ne suis-je pas sûre de mon cœur..? Quelle distance entre nous!... Sa qualité de Juif est le marbre funéraire de tout sentiment excepté ma pitié... mais...

Une jolie gondole, tourmentée

par les vents étésiens, est une image fidèle de l'âme de Clotilde... Elle s'endormit pour ne plus réfléchir. Qu'a-t-elle décidé....? D'accepter les fleurs et de *laisser faire aux Dieux*.

Un négociant, au milieu d'une foule de spéculations; à la veille de proclamer sa banqueroute, source de fortune; ne sachant ni ce qu'il a, ni ce qu'il doit; tenant encore à l'honneur; tremble de se convaincre et prolonge son incertitude !... ainsi de Clotilde !............(1)

---

(1) Il existe une lacune.

CHAPITRE VII.

L'air siffle, le ciel gronde et l'onde au loin mugit,
Les vents sont déchaînés sur les vagues émues,
La foudre étincelante éclate dans les nues,
Et le feu des éclairs et l'abîme des flots,
Montraient partout la mort......
(Voltaire, *Henriade*, chant I*er*.)

La terre est le grand cercueil que nous prépara la nature.
(*Anonyme.*)

Au petit jour, Clotilde se lève... incertaine, elle n'ose approcher de la fenêtre..... Sa conscience lui reproche chacune de ses pensées, l'état de son cœur, et de n'être plus auprès de son père; à peine paraissait-elle un instant le soir! Il est vrai qu'elle chantait au bon vieillard des tensons et des ballades où l'amour jouait un grand rôle, et que Jean II trouvait, dans la voix de sa fille, un charme extraordinaire....... Etait-ce assez?..... Abandonner son père pour contempler l'endroit où se pose un Juif!.....Mais le monarque ne s'apercevait pas de l'absence de sa fille!... Des conseils se tenaient fréquemment, et Clotilde ignorait que son mariage en fût l'objet!.... Ainsi parlait la voix de la conscience....... et Clotilde n'en hésitait que davantage ; elle attend que cette voix secrète se taise, pour ouvrir un peu le rideau....

— Tu vas faire un pas, criait-elle

toujours; ce pas te mène vers le *don d'amoureuse liesse*, de même que le premier pas de la vie mène vers la mort. . . . En prenant les fleurs tu proclames que ton cœur n'est plus vierge ! . . . Attends au moins qu'il soit parti ! . . . .

Maugré cettuy sage aduertissement, la pucelle feit ung male pas. Elle se délibéra de tirer le ridelet moult doulcettement, et, par le pertuiz, vist le soulas de son cueur: elle gorgia ses oeilz de ce Juif, qui l'affoloyt, en l'esguardant ores-cy ores-là. . . . . . tant, qu'on l'auroyt cuydé incongneu à la bachelette. . . . Ce repast d'amour paracheué; son cueur se mollifia, à donc sa cons-

cience, qui douloyt se tinst mute et quoye (coie), ung aultre appetist occyt ses clamours. . . . . Les bons Camaldules ne disent pas quel est cet appétit.

Au moment où le beau Juif s'élançait sur la crevasse protectrice, après avoir salué la fenêtre d'un geste plein de mélancolie; le bruit de la croisée, bien qu'ouverte avec précaution, retentit légèrement, et le fit retourner sur-le-champ; l'attention le rendit immobile. . . La princesse se rejetta dans sa chambre, et n'osa pas revenir, de peur d'être aperçue. : . . . .

Attirée cependant par une force invincible, elle s'approche à petits pas et s'arrange de manière à ce qu'un seul de ses yeux lance un regard fugitif... Nephtaly se trouvait toujours sur la crevasse périlleuse ; et sans voir que la mer atteignait son pied, tout entier à l'espoir, il attendait, avant de partir, s'il se réaliserait..... Deux heures se passent..... il est encore là.... L'imprudent oublie l'heure du départ!.... Que n'oublierait-on pas, pour jouir de l'aspect de sa *bienfaitrice !...*

Les fleurs sont sur l'appui gothique de la fenêtre ogive ; Clotilde les dévore de l'œil et brûle de les tenir, par cela même qu'elle ne le peut pas. Elle tâche d'en aspirer l'odeur délicieuse ! . . . . de temps en temps une secrète œillade lui découvre la constance de Nephtaly. . . . Tout à coup, elle songe que Josette va venir et verra les fleurs qu'elle a décidé de ne plus flétrir.

O génie féminin, nous devons te rendre les armes ! . . . . Lecteur, cet aveu devient précieux, car il échappe à des moines. . . . Clotilde s'habille elle-même à la hâte ; elle ordonne à Josette de la suivre ; et les deux jeunes filles se rendent sur la petite plate-forme qui régnait au bas du château, du côté de la mer. Clotilde veut y respirer l'air frais du matin et cueillir des fleurs ;

Clotilde aime les fleurs ; elle en désire chez elle, et ne conçoit pas qu'elle s'en soit passée jusqu'ici ! Ne lui faut-il pas garnir deux magnifiques vases de cristal qui sont sur son prie-Dieu ? Josette trouve ce goût bien subit ; néanmoins, elle aide la princesse, et Clotilde remonte avec un charmant bouquet, en éloignant toutefois la suivante, sous un prétexte quelconque.

Elle rentre, et, pleine de dépit, jette dans la mer les fleurs qu'elle vient de cueillir ; l'onde les emporte en les balançant. . . . . . Nephtaly, du haut de sa falaise, a vu la blanche main de Clotilde lancer les fleurs ; il se plonge dans la mer pour saisir ce trésor!.... La princesse court à l'autre fenêtre, s'empare avidement des fleurs de l'Israëlite, et les sent avec une sorte de délire. A la voir, on dirait qu'il existe pour elle une odeur de plus dans la nature!.....

— Il n'y est plus, s'écria-t-elle, en jetant un regard furtif sur la crevasse.

A peine a-t-elle prononcé ces mots, que Nephtaly, mouillé par l'onde amère, reparaît le bouquet à la main; il en secoue l'eau salée, le met au soleil levant; il se tourne vers la fenêtre qu'il aperçoit à peine, la salue par son refrain; et, son attitude toujours respectueuse, semble dire : J'ai plus que je n'espérais !... Tous ses gestes exprimèrent la joie d'un cœur en délire : cette joie n'offensa point Clotilde, parce qu'elle était joyeuse sans savoir pourquoi....

La douceur de ces petits riens, qui sont de grands événemens d'amour, répandit un tel charme, que la princesse ne songea point combien le hasard l'avait compromise. « Peut-être, lui dit sa conscience, que le Juif n'a pas vu que ses fleurs étaient acceptées !.... l'honneur est encore sauf !... »

Clotilde regardait toujours cette crevasse, maintenant déserte ; et le reste de l'innocente volupté qui saisissait son âme l'empêcha d'entendre que Josette avait exécuté ses ordres ; enfin, elle revint à elle, et Josette revêtit sa maîtresse de la même parure qu'elle portait le jour de la rencontre du beau Juif, en observant toutefois qu'il manquait un gland à la tunique.

Clotilde rougit. . . . Pourquoi rougir ? . . . *Qui aime le die ! . .*

— Madame, continua Josette, il y a huit jours que vous n'êtes sortie ? . . .

— C'est vrai. . . . . Mettez de l'eau dans les vases de cristal . . .

— Madame, sortira-t-elle ?.....

Cette question fit penser à la princesse qu'elle n'avait pas encore parcouru les périlleuses falaises que le Juif affrontait chaque jour pour arriver à cette rocaille, où le diable seul parviendrait, si des hommes passionnés ne valaient pas mieux que le diable.... Elle résolut donc d'aller visiter les chemins que prenait l'Israëlite, et répondit : « Oui, je sortirai.... »

Josette fit une jolie petite moue, que je traduirais volontiers ainsi :

« Peste soit du service des prin« ces ! on a un rendez-vous et l'on « ne peut y courir. Les rendez« vous sont la vie d'une Proven« çale ; faut-il m'en priver ! . . . .
« Vivre sans amour, c'est mourir « d'avance ! . . . »

Alors la soubrette se hasarda à demander :

— Madame, aurait-elle la bonté de me permettre d'aller voir un de mes oncles à Montyrat ?

— C'est bien loin pour vous. Vous êtes d'une hardiesse !... Quelqu'un vous accompagne-t-il ?

— Oui, madame, répliqua l'amoureuse Josette.

— Si le comte Enguerry vous rencontrait ?

— Que voulez-vous qu'il me prenne ?...... La princesse ne dit mot. Mais, se souvenant de l'embarras et de la rougeur de Josette, au seul nom des soldats d'Enguerry, le jour de la rencontre de Nephtaly.

— Josette, répliqua-t-elle en se saisissant de sa main, vous avez des secrets et vous me les cachez ?..

— Madame, s'écria la fille de l'intendant, par grâce, ne les demandez pas ? demain, je vous ouvrirai mon cœur. Permettez que j'aille à Montyrat ; mon père me remplacera pendant votre promenade.

— Mon enfant, répondit Clotilde émue des pleurs de Josette, va partout où tu voudras. . . . Votre cœur ne m'appartient pas, et la pensée est la seule chose qui soit hors du domaine des rois.

— Ah ! madame, dit Josette en se tordant les mains, mon cœur est bien à vous ; Dieu du ciel ! en doutez-vous ?.... je vous aime comme *lui!*..

Heureusement pour la Provençale, Clotilde se trompa sur le sens de ce dernier mot, et Josette ne jugea pas à propos de la tirer de son erreur, en l'instruisant de ses amours avec le Barbu.

Aussitôt son service fini, la jeune suivante mit son jupon rouge, son joli corset, et courut à Montyrat avec toute l'ardeur des filles de ce pays des amours. . . . . .

Les ministres, occupés à tenir conseil, ne purent accompagner Clotilde. Alors, le docteur Trousse, Castriot et l'intendant, reçurent l'ordre de suivre la princesse de Chypre.

Hercule Bombans, jugeant qu'il était en grande faveur, ne voulut rien négliger pour s'y maintenir. Clotilde, aimant la toilette, il se revêtit d'un pourpoint à gros boutons, tout neuf depuis deux ans; il mit ses belles braguettes, découpées et garnies de ferrets d'argent; il sortit de son coffre des bas pers et de riches souliers à la polonaise, qui, depuis, furent appelés à la poulaigne, et une fraise brodée par sa fille. Il s'alla promener fastueusement dans les cours, en jouant avec sa médaille et son bâton de majordome, aux armes de Chypre; ayant soin de se faire voir aux gens, afin de leur imprimer du respect; il fut même, à ce sujet, un peu plus hargneux que de coutume; il regarda le temps avec anxiété, et ne se rassura qu'à l'aspect de l'azur du ciel.

La princesse ne tarda pas à passer, suivie de Castriot et du docteur Trousse. Elle avait à la main deux des fleurs les plus rares, apportées par le beau Juif; et, de temps en temps, elle les sentait avec un visible plaisir.

— M. l'intendant est d'une somptuosité !......s'écria Clotilde en apercevant Bombans.

— Ah ! madame , je dois encore

le prix de cet habillement, répondit l'avare effrayé.

— Il faut acquitter vos dettes...

— Cela lui attaque les nerfs!... observa Trousse.

—Hélas! quand on est pauvre... L'intendant se tut, parce qu'il prévit un orage, d'après les regards de l'Albanais.

Clotilde prit à travers le parc et se mit à gravir le pic de la Coquette ; son pas léger, animé par le désir, était trop rapide et fatiguait horriblement le pauvre Trousse, dont le ventre pouvait passer pour un second lui-même ; pour ne pas déplaire, il souffrit en silence.

La princesse, parvenue au sommet, put juger des difficultés inouies que le beau Juif avait à surmonter, pour arriver seulement à la crevasse, qui altérait la pureté de l'angle droit formé par le coin de la Coquette ; la pente rapide de la falaise ne laissait, pour tout chemin, que de rares inégalités et des sables mouvans, dont les éboulemens annonçaient les pas de Nephtaly... après un demi-quart de lieue de cette côte, on apercevait alors un chemin moins dangereux, car le bord de la mer offrait des déchiremens de terre, des anfractuosités et des grottes curieuses, parmi lesquelles on distinguait le *rocher du Géant*, dont le sommet avait l'air d'une immense tête d'homme courbée vers la mer; ce caprice de la nature effrayait la vue par sa bizarrerie ; jusque-là l'on ne découvrait aucune trace humaine..... quelques plantes maritimes, des mousses, des algues et des coquillages diminuaient, par un simulacre de végétation, le jaune foncé des rochers et l'horreur de ces lieux sauvages.

La princesse remarqua les vestiges des pieds et des mains de Nephtaly. L'idée, d'essayer à courir le même danger que le Juif, lui sourit; mais lorsqu'elle la manifesta, Trousse et l'intendant se récrièrent :

— Madame, c'est risquer d'attaquer vos nerfs très-fortement par la peur de la mort que vous allez affronter à chaque pas; et *moi*, comme médecin, je m'y oppose; songez donc que *moi*, gros comme je suis, je ne pourrai jamais descendre.

— Tu rouleras, dit Castriot.

— Madame, observa Bombans, mon habit. . . . . . . Un regard terrible de l'Albanais glaça le visage jaunâtre de l'avare.

—Un désir de la princesse est un arrêt du destin pour nous!—Ayant dit, Castriot s'élança après Clotilde, qui, légère comme un faon, sauta d'inégalités en inégalités, en imprimant la marque de son joli pied sur les traces de celui de Néphtaly.

La princesse ayant un peu froissé les deux fleurs qu'elle tenait à la main, les mit dans son sein, prévoyant qu'elle s'aiderait de ses mains, pour suivre le chemin du Juif.

Trousse et l'intendant, effrayés, restèrent sur le haut de la falaise, à se regarder l'un l'autre, pour se donner du courage.

—On risque de tomber à la mer! s'écria le médecin.

—Si ce n'était que cela... répondit tristement Bombans, mais mon habit, mes souliers!.... *J'avais bien dit qu'il m'arriverait malheur!*

— *Moi!* . . . . je suis trop gras pour dégringoler; la masse totale de mes nerfs m'emportera jusqu'au fond de la Méditerranée, mais vous!

La princesse et Castriot riaient de l'embarras des deux poltrons.

— Descendrez-vous ? cria l'Albanais, puisque cela plaît à madame : descendez, ou je remonte !

— Oui !... répondit le docteur, plus effrayé de la menace que du danger; *moi*, je descends; et le pauvre Trousse, recommandant ses nerfs à l'Eternel, roula comme une boule, sans s'inquiéter des déchirures de son pourpoint noir. Heureusement Castriot le retint, car il eût dégringolé jusqu'au fond de la mer.

Pour l'intendant, il s'aida de ses pieds et de ses mains, en ayant soin que ses habits ne fussent pas souillés; mais il ne put empêcher que la moitié de la collerette ne se déchirât, et qu'une des pointes de ses souliers ne restât, pour échantillon, sur un caillou maudit.

C'était un curieux spectacle de voir ces quatre personnes errer au-dessus des flots: Bombans et Trousse marchaient comme sur des charbons ardens; la peur leur donnait des vertiges; mais le cœur de la princesse battait de joie...... Elle voulut aller jusqu'à ce qu'elle ne vît plus de traces de la marche du Juif. Pendant qu'ils s'avançaient vers le rocher du Géant, où les guidaient les pas de l'Israëlite, un immense nuage noir envahissait les cieux : il semblait qu'une déesse malfaisante étendît un crêpe funèbre marqueté de ces petits nuages blancs, que l'on nomme fleurs d'orage. Quand Clotilde et sa suite aperçurent le jour cesser derrière eux, les flots de la mer s'agiter par des mouvemens intestins, et bouillonner, en enfantant de grosses vagues qui, semblables à des moutons bondissans, couraient les unes après les autres, ils se retournèrent, et l'effroi les saisit ! . . . . . Castriot lui-même trembla pour sa maîtresse, parce que tout courage devenait inutile ; nul doute que les torrens de pluie allaient rendre la falaise impraticable et les entraîner dans la mer. Chacun se regarda avec cette muette horreur que cause la vue de la mort; ce silence fut rompu par ces trois phrases qui partirent en même temps :

— Sauvons au moins la princesse !... dit Castriot.

— Et moi ! . . s'écria Trousse.

— Mon habit !.. dit l'intendant.

— Voilà donc, murmura Clotilde, les dangers qu'il affronte pour m'apporter ses fleurs !...

A ces mots, les éclairs se succèdent, un bruit horrible s'étend au loin, et l'orage éclate avec une furie sans exemple; le ciel et la mer semblent ne faire qu'un et se déchaînent en se menaçant l'un l'autre; l'eau ruisselle par torrens, et siffle en tombant. Castriot se dépouille de ses vêtemens, s'accroche à des cailloux pointus et tâche de former un abri pour la tête de Clotilde..... Aussitôt le vent l'emporte, l'Albanais jure!...

La mer s'enfle par degrés, et son onde paraît vouloir atteindre le haut des falaises : les lames menaçantes arrivent déjà jusqu'aux pieds des spectateurs imprudens, tandis que l'eau qui se précipite du haut de la côte, forme des torrens partiels qui creusent le sable et l'entraînent. La petite plate-forme où est Clotilde se trouve sur le chemin de l'un de ces ruisseaux. Le caillou protecteur ne résiste pas long-temps, et la princesse, mouillée, tremblante de froid, tombe, en mettant sa main sur l'endroit de son sein où sont les fleurs qu'elle veut préserver ; elle resta, passive comme le rocher qui la reçut durement.

En la voyant étendue, et l'eau se diviser sur sa tête en détachant ses noirs cheveux qu'elle emporte, l'Albanais se mit à pleurer et écumer de rage ; il s'enfonça dans le sable jusqu'à mi-corps pour retenir la princesse mourante, et, tirant son sabre, il essaya de renvoyer l'eau qui les envahissait graduellement.

L'intendant, cramponné sur deux cailloux, ne disait mot, tant sa douleur était grande, en apercevant l'eau qui dégouttait de ses vêtemens en absorber la couleur, et la grêle couper les ferrets d'argent qui garnissaient les découpures de ses braguettes. Son œil, suivant cette couleur fugitive qui devenait la proie de la mer, ne se tourna pas une seule fois sur la pâle Clotilde, dont Castriot protégeait la tête au moyen de son casque.

Trousse, ne s'inquiétant ni de ses habits, ni de personne, roulait son gros petit corps à travers les écueils et les ruisseaux, sans s'occuper de la commotion de ses nerfs; animé par l'amour de la vie, il cherchait à atteindre le rocher du Géant, dont le flanc ruiné promettait un asile.

Il n'est rien de tel qu'un égoïste en danger, ce qu'il trouve pour lui sert aux autres. Trousse, en arrivant à cette roche salutaire, s'écria :

— *Moi* je suis à l'abri !... Ce mot fit tourner la tête à Castriot; il se dégage du sable, prend Clotilde dans ses bras; et, rapide comme l'éclair qui sillonna la nue dans ce moment, il franchit les obstacles, et parvint heureusement à la roche, car le tonnerre tomba au même endroit où était Clotilde. Les brusques mouvemens de l'Albanais dégagèrent du sein de la princesse une des fleurs du Juif : au milieu de son épouvante elle en gémit, une larme roula dans son œil quand elle vit cette tendre fleur emportée par l'onde furieuse.

Restait l'intendant, qui, séparé de tout, et presque envahi par la mer, s'écria douloureusement :

— On m'abandonne !... *j'avais bien dit qu'il m'arriverait malheur !..* mon habit est perdu ; vingt-cinq marcs jetés à l'eau ! Je suis mort ! au moins, mon enterrement et mon cercueil ne me coûteront rien...

Ayant dit, il chercha à gagner le rocher du Géant ; Castriot lui tendit le fourreau de son sabre, et il aida l'intendant à grimper sur le rescif ; mais, dans cette opération salutaire, les deux souliers à la poulaine et la médaille d'or restèrent sur des cailloux, et Bombans les montra du doigt sans rien dire, lorsque la mer les emporta.

— *Moi* je n'ai rien perdu, répondit Trousse à ce mouvement de l'avare, seulement mes nerfs sont agacés ; et les vôtres madame ?... La princesse, presque morte de froid, ne répliqua rien.

Cependant la mer en furie menaçait de son onde blanchissante les endroits qu'on aurait cru les plus inaccessibles ; l'eau, tombant du haut du rocher du Géant, se réunissait dans la grotte, plus basse que sa plate-forme qui saillait dans la mer. A mesure que l'onde s'avance, Clotilde et sa suite, entrant par la petite ouverture de la caverne, se retirent vers le fond... Tout à coup un horrible éclat de tonnerre se fait entendre, il est suivi d'un craquement effroyable, et la masse informe, cette tête du rocher, qui se penchait vers la mer, se détache et ferme l'entrée de la caverne..... Un cri terrible s'élance dans les airs, et l'on aurait pu distinguer l'inévitable *moi* de Trousse. Il servit d'oraison funèbre ; un affreux silence succéda... Cette porte fut la pierre tumulaire de ce sépul-

cre, ouvrage du hasard et de la nature..., et pour que le *ci-gît*, n'y manquât même pas ? au-dessus du rocher fendu par la foudre, un jeune et gracieux arbuste lutte contre la furie du vent, au milieu de trois troncs d'arbres déracinés.
. . . .

Dès le commencement de l'orage Raoul s'est élancé vers le château ; mais comment trouvera-t-on les victimes ?. . . .

Le ciel se nettoie, l'azur reparaît, les oiseaux chantent, et la nature a repris sa suavité pittoresque; la mer est calme, et les chèvres de Raoul se suspendent sur les rochers ! . . . .

CHAPITRE VIII.

Il monta sur son palefroi,
Prêt à semer l'effroi,
Le carnage et la guerre
Par toute l'Angleterre.
(*Ballade de Nicoplew.*)

Il ne faut pas croire que Sacripanti ne prenait pas ses précautions.
(*Histoire de Sacripanti.*)

N'oublions pas le sire Enguerry-le-Mécréant? Après huit jours de réflexions, il résolut de partir pour le château de Casin-Grandes ; Nicol et le Barbu reçurent le commandement de la forteresse, et l'ordre de veiller sur Michel l'Ange, et surtout, de ne pas le laisser approcher de la chambre d'Enguerry. Le Barbu tint l'étrier et le Mécréant prit la route de l'asile du roi de Chypre, en pensant ; 1°. Que si le roi de Chypre lui donnait sa fille, il hériterait du royaume, qu'alors ses desseins s'accompliraient ; et qu'il livrerait Michel l'Ange. 2°. Qu'au cas contraire, il serait toujours le maître du cauteleux Vénitien en gardant chez lui le Prince et la Princesse et ne les délivrant qu'à bonnes enseignes, c'est-à-dire, en recevant le million promis; qu'alors les difficultés qu'il avait trouvées dans les cédules de l'Italien disparaissaient et qu'il serait le maître du sénat vénitien.

3°. Que puisque Gaston II ne s'était pas montré en Provence, depuis huit jours que le Vénitien avait annoncé son arrivée, il pouvait assiéger Casin-Grandes en toute sûreté, s'il éprouvait un refus.

Alors, il donna un grand coup d'éperon à son cheval, et galoppa vers Casin-Grandes, en ôtant toutefois de son casque la branche de cyprès qui l'eût fait reconnaître...

Au bout d'une lieue, l'orage, fatal à la pauvre Clotilde, arrêta la marche du Mécréant, et il se réfugia dans une hôtellerie située à l'endroit où la route d'Aix rejoignait celle de Casin-Grandes....

Fin du premier volume.

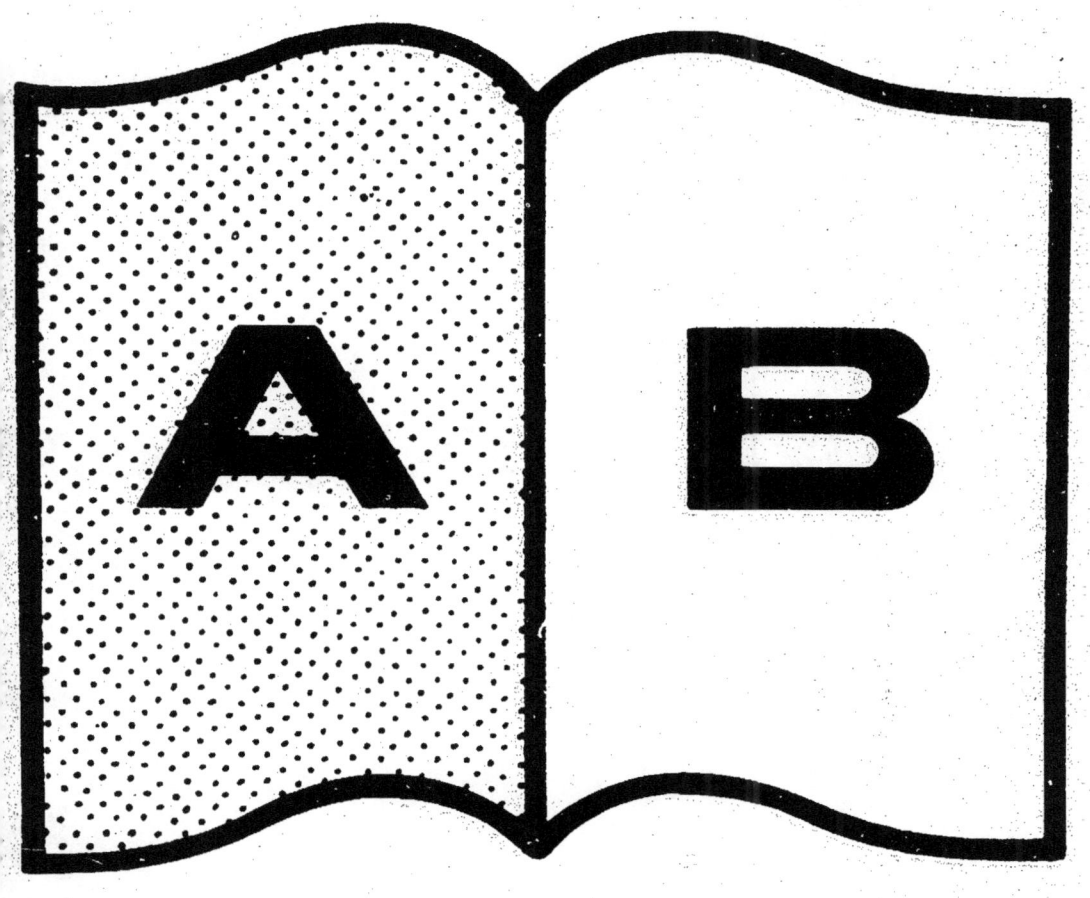

Contraste insuffisant

www.ingramcontent.com/pod-product-compliance
Lightning Source LLC
Chambersburg PA
CBHW050650170426
43200CB00008B/1230